신앙의 신비여

The Mystery of The Faith

Wang Francis y.

Copyright © 2010 by Wang Francis y.
Published by ST PAULS, Seoul, Korea

ST PAULS
103-36 Songjung-dong Gangbuk-gu 142-806 Seoul Korea
Tel 02-9448-300, 02-986-1361 Fax 02-986-1365

국립중앙도서관 출판시도서목록(CIP)

신앙의 신비여 / 지은이: 왕영수 신부. — 서울 :
성바오로, 2010
    p. ;   cm

ISBN 978-89-8015-753-2 03230 : ₩12000

신앙 생활[信仰生活]
천주교[天主敎]

238.204-KDC5
282.02-DDC21   CIP2010002852

신앙의 신비여

■ 책을 내면서

    내가 죽기 전에 꼭 한 권의 책을 남기고 싶다는 원의가 있은 지도 10여 년이 되었습니다.
    왜냐하면 내 온 생애를 극진히 보살펴주신 하느님께 감사드리고, 작은 효성이라도 드리는 것이 자녀 된 도리라 생각했기 때문입니다. 또 다른 이유는 지난날의 삶을 하느님과 이웃의 입장에서 평가하고, 거기서 얻은 결론을 바탕으로 여생을 주님의 뜻에 더욱 충실하면서 주님의 사제답게 살고 싶었습니다. 마지막으로는 야훼 하느님께서 "내가 너희에게 베푼 은혜를 너희들의 마음에 새기고, 자자손손에게 일러주어라."라고 말씀하셨기 때문입니다.
    삶의 현장에서 만나고 체험한 성삼위의 하느님은 내가 알고 전해들은 하느님보다 더 크고 위대하신 하느님이었고, 그래서 그 하느님을 전하고 그분의 크신 사랑을 나누고 그분의 영광을 노래하고 싶은 마음에서 어렵게 책을 냈습니다.

    이 책이 빛을 보기까지 여러모로 도와주신 여러분에게 감사드리며, 그분들에게 주님께서 상응한 축복을 주시도록 기도합니다. 직원을

6개월이나 저의 숙소로 출근시켜주신 민병선(가밀로) 회장님, 초고를 정리해준 권태원(프란치스코) 시인, 원고를 끝까지 함께 읽어준 김귀자(마리아) 자매님께 마음에서 우러나는 감사를 전합니다.

끝으로 크게 감사드려야 할 분은, 저의 온 생애에 한결같은 사랑을 베풀어주신 성령님이십니다. 어려운 시련을 극복하고 탈고와 출판을 할 수 있도록 직·간접적으로 보호해 주시고 감도(感導)하여 주신 성령님께 진심으로 감사드립니다.

"이 책을 쓴 목적은
다만 사람들이 예수는 그리스도이시며
하느님의 아들이심을 믿고,
또 그렇게 믿어서 주님의 이름으로
생명을 얻게 하려는 것이다."
(요한 20,31)

2010년 성령 강림 대축일에

왕영수(프란치스코 하비에르) 신부

차례

책을 내면서 _004

Stage 1
스스로 깊어지는 힘, 회개

- 01 기초적인 회개 _012
- 02 회개는 내 삶의 원동력 _016
- 03 회개는 자신을 사랑하는 길 _019
- 04 두 번째 회개 _023
- 05 공동체를 기쁘게 한 회개 _027
- 06 삶을 정리하는 회개 _030
- 07 나는 사랑에 빚진 자 _035
- 08 하느님과 함께하는가 _038
- 09 나를 사랑하는 지름길 _041
- 10 회개를 어렵게 하는 상처들 _044

Stage 2
성령, 오늘도 내게 오소서

- 01 성령의 축복(1) – 말씀 선포 _050
- 02 성령의 축복(2) – 음주와 절제 _053
- 03 성령의 축복(3) – 가난 _056
- 04 성령의 축복(4) – 인간관계 회복 _060
- 05 성령의 축복(5) – 성(性)으로부터의 자유 _063

Stage 3
치유의 시간, 치유의 은사

01 면담고해성사(총고해성사) _068
02 선종(善終)의 은혜 _074
03 치유(1) – 할머니의 한 _078
04 치유(2) – '예수 믿는 놈' _083
05 치유(3) – "신부님 아기 있어요!" _088
06 치유(4) – 거룩한 것이라도 버려야 _092
07 치유(5) – 잘못된 순종·겸손 _095
08 방해받는 성체의 영성 _098
09 넷째 딸의 분노 _101
10 성(性)은 사랑의 끈 _104
11 말 한 마디 _107
12 살인 충동과 사탄의 유혹 _110
13 기뻐하십시오. 웃음의 치유 _115

Stage 4
하느님의 위대한 목소리, 소명

01 사제는 희망의 사람 _122
02 사제는 봉사자 _126
03 특권의식 _130
04 사람을 짓는 일(제2의 성소) _136

Stage 5
태초에 말씀이 있었다
01 사람을 변화시키는 말씀의 힘 _ 142
02 귀를 열게 하는 말씀의 은총 _ 146
03 강론은 어떻게 하는가 _ 150

Stage 6
함께 멀리 가는 이정표, 공동체
01 길천 성당 _ 156
02 목마른 신자들 _ 161
03 섬겨야 할 신앙 공동체 _ 166
04 거제 본당에서의 3개월 _ 169
05 왜 이렇게 변질되었는지 _ 174

Stage 7
고통은 영광의 산실, 시련
01 시련(1) – 깊고 어두운 골짜기 _ 180
02 시련(2) – 어찌하여 버리셨나이까 _ 182
03 시련(3) – 사제 서품 보류 _ 185
04 세 번째 쓰러짐 _ 189

Stage 8
사목 현장에서 만난 주님

01 가르치는 것을 '그대가 실천하라' _ 196
02 새 예루살렘 공동체에서 _ 200
03 눈물의 이별 _ 203
04 내게 주신 지혜의 은사 _ 207
05 침묵하는 소리 _ 212
06 아버지의 뜻이 나의 양식 _ 216
07 우선순위 _ 219
08 예수 중심의 삶 _ 222
09 노인의 가치 _ 225
10 1987년의 안식년 _ 229
11 봉사자 성지순례 피정 _ 234
12 봉사자의 희생 _ 238
13 사랑은 중요합니다, 영원합니다 _ 243
14 우리는 원래 하나 – 초교파 성령대회 _ 246
15 내가 살아야 할 이유 _ 249
16 내 마음속의 주님 상처 _ 252
17 좀 더 가난해야 _ 256
18 보고 싶은 보좌신부 _ 259

왕영수 신부가 걸어온 길 _ 262

Stage 1

스스로 깊어지는 힘, 회개

 기초적인 회개

회개에는 기초적인 회개와 상급 회개가 있습니다. 많은 사람들이 기초적인 회개는 등한시하면서 상급 회개에 치중합니다. 그러나 사실 기초적인 회개가 더 중요합니다. 일상 속의 잘못부터 고쳐 나가는 것이야말로 하느님과의 올바른 관계를 유지하는 좋은 길이기 때문입니다. 그 기초 회개가 제대로 될 때 신앙생활은 그 기반이 더 튼튼해지고 우리의 영성이 깊어져서 신앙이 성장하고 열매를 맺게 됩니다.

미국 오하이오 주 콜럼버스에서 열린 성령피정에 워싱턴 D.C.에 살고 있는 회장 부부가 참가했습니다. 4박 5일 피정을 잘 마치고 돌아간 지 일주일 만에 부인에게서 전화가 왔습니다.

"우리 영감이 이번 피정에 가서 성령을 받은 것이 아니라 악령을 받은 것 같습니다."

내가 무슨 말이냐고 묻자, 평소 부인 말을 잘 듣고 고분고분 순종하던 남편이, 요즘은 말을 통 안 듣고 오히려 반항까지 한다는 것이었습니다. 남편이 부인과 한 방에서 자야 한다고 우긴다는 것입니다. 그래서 내가 "그럼 한 방에서 자지 않습니까?" 하고 물었습니다. 부부가 왜 한 방에서 함께 자지 않느냐는 내 물음에 부인은 당연한 듯 그렇다고 대답했습니다. 그리고 1년 동안 각각 다른 방에서 자보니까 수도자같이 깨끗하게 지낼 수 있고 새벽이나 저녁에 자유롭게 기도할 수 있어서 좋다고 했습니다.

나는 각 방을 쓰게 된 이유를 물었습니다. 1년 전 저녁 초대를 받아 갔는데 남편이 그 집 음식이 자기 집 음식보다 훨씬 맛있다고 칭찬했다는 것입니다. 화가 난 부인은 집에 돌아오면서 "그 집 음식이 얼마나 맛있다고 그렇게 호들갑을 떨면서 사람들 앞에서 나를 창피줘요?" 하고 따졌고, 남편이 인사말이었다고 변명했지만, 부인은 "내가 만든 음식이 그렇게도 싫으면 오늘부터 각방 써요." 하고 말했답니다. 그런데 남편이 피정을 갔다 오더니 느닷없이 동침하자고 하니, 성령을 받은 것이 아니라 악령을 받은 것이 아니냐는 것이었습니다.

그 얘기를 듣고 나서 나는 부인에게 고해성사를 보는 것이 좋겠다고 말했습니다.

"신부님, 그게 그렇게 큰 죄입니까?"

"예, 큰 죄입니다."

나는 혼인성사의 본질은 부부가 한 지붕 밑, 한 침대에서 같이 잠을 자는 것이 중요한 성사적인 내용이기 때문이라고 설명했습니다.

"그러면 고해성사를 봐야 합니까?"

"예, 당연히 봐야 합니다. 자매님은 지금 아주 큰 잘못을 하고 있습니다. 혼인성사의 고유한 성사적인 내용을 손상시키고 있습니다. 고해성사를 보지 않고는 다음 주일 영성체를 할 수 없습니다."

"아유, 신부님, 별 말씀을 다 하십니다."

"아니에요, 아주 중요한 죄를 고백하지 않은 것입니다."

나는 그 부인에게 한 주일에 묵주신공을 몇 번 빠지고, 성체조배를 하면서 졸고, 아침기도를 한 달에 몇 번 빠진 것보다 부부의 성생활을 일방적으로 거부하는 것은 심각한 잘못이라고 지적했습니다. 상대방을 배려하면서 격려하고 상대방의 요구를 가능하면 수용하려고 노력해야 하는데도 불구하고 그것을 거부한 것은 혼인성사의 본질적인 요소를 저해한 큰 죄가 된다고 강조했습니다.

"그런데 신부님, 한국 신부님도 안 계신데 어떻게 고해성사를 봅니까?"

"미국 신부님한테 한국말로 보시면 하느님은 한국말도 잘 알아듣지요. 보속만은 제가 정해주겠습니다."

일주일 뒤, 그 부인으로부터 전화가 왔고, 남편도 "신부님, 감사합니다. 우리가 정말 신혼부부 때처럼 큰 기쁨 속에 살고 있습니다." 하고 밝은 목소리로 전화를 주었습니다.

대부분의 신자들은 지엽적이거나 또 아주 상급 회개를 하려는 경향

이 많습니다. 그리스도의 삶을 살아가는 그리스도인으로, 또 가정을 이루고 사회인으로 살아가면서 가장 기초적이고도 중요한 일에 대해서는 깊은 반성도 없이 무디어진 것 같습니다.

한 가정을 이루는 부부로서 하느님께서 주신 성사적인 은총을 누리며 그 삶에 충실할 때 크리스천으로서의 우리 신앙의 삶이 한층 풍요로워질 것은 말할 것도 없습니다.

회개는 내 삶의 원동력

우리가 회개했을 때 회개한 행동과 삶을 실생활에서 실천하라는 것이 교회의 가르침입니다. 예를 들어 나의 잘못으로 개인과 공동체에 물질적인 피해를 주었다면 반드시 보환(報還)의 원칙을 지켜야 합니다. 가령 1억 원의 손해가 나게 했다면, 1억 원을 갚아야 합니다. 원칙으로 하면 법정이자까지 갚아야 합니다. 일시적으로 다 갚지 못하면 몇 년에 걸쳐서라도 변상해야 합니다. 또 정신적으로 손해를 주었다면 당사자에게 가서 자신이 준 상처와 충격에 대해서 용서를 구하고 그 사람의 응어리를 풀어주어야 합니다. 없는 일을 지어내거나 침소봉대하였다면 자신이 잘못한 이유를 설명하고 훼손된 명예를 원상 복구시켜주어야 합니다.

흔히 사람들은 그냥 회개했다, 눈물 난다, 잘못했다, 고해성사 봤다, 는 것으로 끝났다고 생각하는데 결코 그렇지 않습니다. 회개한 것을 삶으로 실천하는 것이 교회의 오랜 전통이자 고해성사의 핵심적인 요소입니다.

사도 바오로와 아우구스티누스 성인의 삶이 좋은 본보기입니다. 자기가 지은 죄를 보상하는 것을 인생의 목표로 삼았기 때문에 그분들의 삶은 위대한 삶이 되었던 것입니다. 우리도 마음으로 회개했던 것을 현실로 드러내는 삶을 살 때 진정한 그리스도인의 삶을 살게 되는 것입니다.

그렇게 되기 위해 우리에게는 성령의 도우심이 반드시 필요합니다.

"우리 안에 계시는 성령을 통하여 아버지의 사랑을 우리에게 부어 주었습니다."(로마 5, 5)

이처럼 하느님의 사랑에 눈을 뜨면 성령을 통해서 하느님의 사랑을 만납니다. 하느님의 사랑을 받고 그 사랑 안에 살게 됩니다.

성령은 우리를 회개로 이끌어주시고 회개를 통해 하느님을 만나게 해주십니다. 하느님과 내가 가까워질수록 사람과 사람 사이에도 좋은 관계가 형성됩니다. 더 나아가 자연과 사람 사이에도 영적이고 정신적인 대화가 이루어지면서 우리 삶을 창조주이신 하느님과 더욱 일치된 관계로 나아가도록 성령께서는 우리를 돕고 계십니다.

내 사제생활에 대해 하느님께 감사드리고 성령께 고맙게 생각하는 것은 다섯 번 정도 큰 고백을 할 수 있었기 때문인 것 같습니다. 그것이 오늘까지 제 삶을 이만큼이라도 살게 해준 원동력이 아닌가 생각합니다. 아주 중요한 고비 고비마다 자신을 돌아볼 수 있게 해주었고, 내가 가진 좋은 것이 무엇인지, 살아가는 데 가장 먼저 해야 할 일, 나중에 해야 할 일이 무엇인지를 깨닫게 해주었습니다. 삶의 질서를 바로잡을 수 있었던 것도 회개와 고백을 통해서 가능했습니다.

회개는 죽음을 극복할 수 있는 큰 축복을 내게 내려주었습니다. 우리가 회개하면 하느님께서는 인생의 큰 적이며 걸림돌이라 할 수 있는 죽음까지도 초월할 수 있는 능력을 주십니다.

예수님 십자가의 오른쪽 강도는 죽는 순간에 회개함으로써 "오늘 너는 나와 함께 낙원에 들어갈 것이다." 하신 예수님의 말씀을 들었습니다. 우도(右盜)의 회개는 낙원에 대한 희망에 가득 찬 거룩한 죽음이 되었던 것입니다.

"많이 용서받은 사람은 많은 사랑을 받았다."고 했습니다. 인류구원의 역사에 큰 빛을 남겨주고 간 사람들은 크게 회개한 사람들입니다.

"주님, 제 생애의 고비 고비마다 회개할 수 있는 은총을 풍성하게 내려주신 것을 감사드리오며, 죽을 때도 회개하고 보속할 시간을 허락하여 주옵소서."

회개는 자신을 사랑하는 길

　　　　　　1960년대 중반, 유럽 사회는 가톨릭교회를 보고 굉장히 놀랐습니다. 전 세계에 가톨릭교회의 위대함을 다시 한 번 재인식하게 해준 제2차 바티칸 공의회(1962~1965) 때문이었습니다.

　이 공의회에서 가톨릭교회는 지난 2000년 역사와 교회의 발자취를 반성했고, 자기의 진정한 참모습이 무엇인가를 깊이 생각했습니다. 원래 하느님이 세우셨던 교회의 모습으로 돌아가고자 했으며 현대에서 교회가 무슨 일을 해야 하는지를 고민했습니다. 당시 유럽 사회는 20세기를 살아가는 가톨릭교회가 자기의 정체성을 찾고 스스로 해야 할 일들의 우선순위를 정립해가는 공의회 과정을 지켜보면서 가톨릭교회의 위대한 모습에 놀랐습니다. 외부에서의 어떤 자극이나 고통 때문이 아니라 교회 스스로 자신을 정립하고 정체성을 찾고 자기 할 일을 정확하게 찾아 나갔기 때문입니다.

교회 안에서 회개는 전통적으로 통회, 또는 참회라고 합니다. 회개란 삶의 방향전환이며 자신을 정화하는 것이고 자신을 참으로 사랑하게 되는 길입니다. 성경과 교회의 전승은 회개를 신앙인의 삶의 핵심이라고 가르치고 있습니다.

하늘나라의 축복된 말씀과 기쁜 소식을 전하기 위해 이 땅에 오신 예수님의 첫 번째 말씀은 "회개하라."는 것이었습니다. 회개하십시오, 그러면 여러분은 기쁘게 살 것이며, 위대한 참 자아와 만날 수 있을 것이라고 말씀하셨습니다. 또 회개를 하면 성령을 더 큰 선물로 풍성하게 받을 수 있을 것(사도행전 2, 28)이라는 성경말씀도 있습니다.

회개한다는 것, 회개에 힘쓴다는 것, 회개의 삶을 성실하게 실천하면서 살아간다는 것은 자기 자신의 영원한 행복과 참 기쁨을 찾는 길입니다. 자기 자신을 위대하게 만들고 인간 품위를 드높이는 지름길입니다.

성 아우구스티누스도 운명하기 한 시간 전에 다윗의 통회의 〈시편〉(시편 51장)을 묵상하면서 임종했습니다. 사도 바오로도 로마 중심지에서 남쪽으로 50여 리 떨어진 곳에서 순교하기 직전 자신의 회개를 위한 기도로 생을 마감했다고 합니다. 사도 바오로의 위대함을 말해주는 이야기입니다.

사제생활 40여 년을 지내온 내가 본격적으로 회개를 했던 것은 1977년이었습니다. 필라델피아 성직자 성령쇄신피정 때의 일입니다. 우습게도 나는 사탄과 악령들의 간섭과 방해와 장난 때문에 회개하게 되었습니다. 그때의 회개는 내 회개 가운데 매우 기초적인 것이었지만, 성령께서 내 안에서 활동하게 하시는 데 큰 도움을 주었던 축복이었습니다.

피정이 시작될 무렵, 나는 이 피정에 심한 거부감을 느끼고는 집으로 돌아가야겠다고 마음먹고 있었습니다.

그런데 피정 시작 미사를 드리고 마지막 강복이 있은 후 방으로 가던 나는 갑자기 '쿵' 하는 요란한 소리를 듣고 깜짝 놀라 왔던 길을 도로 뛰어 내려갔습니다. 내려가서 보니 고통스럽게 숨을 몰아쉬며 누워 있는 20대 후반으로 보이는 젊은 신부님을 세 분의 사제가 꽉 붙잡고 있고, 그 주위에 십여 명의 사제들이 둘러서서 구마기도를 하고 있는 것이었습니다. 나는 이 거룩한 장소에서 어떻게 이런 일이 일어날 수 있는가 의아했습니다.

잠시 뒤 밭에서 일하던 수사신부님이 들어와서 젊은 신부님의 양말을 벗기고 발바닥을 손으로 문지르면서 이상한 기도를 했습니다. 아마 구마, 축복의 기도인 것 같았습니다. 그러자 젊은 신부님의 온몸에서 기운이 빠져 나가는 듯하더니 아주 편안한 모습으로 일어났습니다. 그러고는 그 수사님은 아무 일도 없었다는 듯 자기가 일하던 장소로 돌아갔습니다. 하도 이상해서 나는 따라가 물어보았습니다.

"수사님, 무슨 일이 있었습니까?"

그분은 나를 물끄러미 바라보더니 그냥 가버렸습니다. 다시 뒤따라가 똑같이 물었습니다. 수사님은 "여기 처음 오셨습니까?" 하고 오히려 내게 되물었습니다.

"예, 처음입니다."

"어떤 조그만 놈이 장난했습니다."

"혹시 그 작은 놈이 사탄입니까?"

그러자 그분은 그렇다고 했습니다.

그 말을 듣고 이번 피정이 별로 맘에 들지 않았던 나는 굉장히 불안했습니다. 그렇다면 오늘 밤 내가 자는 동안 그놈이 창문으로 들어와 나를 덮치기라도 한다면…….

큰 죄가 있으면 언제든지 쉽게 사탄의 공격을 받을 수 있다는 윤리신학의 가르침이 순간 내 머릿속을 스쳐갔습니다. 나는 내가 고해하지 않은, 진정으로 뉘우치지 않은 큰 죄가 있는지 떠올려보았습니다. 모두 열 가지가 생각났습니다. 그래서 곧장 옆방의 흑인 신부님을 찾아가 고해성사를 받았습니다. 성사 후 두 시간이 지나면서 마음이 한결 가벼워지고 편안해졌습니다.

이 뜻밖의 경험은 나의 제2의 사제생활의 시작이 됐습니다. 아주 우연히 이루어진 회개였지만 하느님을 다시 만난 중요한 전환점이 됐습니다. 우스운 얘기지만 사탄의 공격과 장난이 무서워 나는 회개를 했고, 이 기초적인 회개를 통해 성령을 체험하게 되었습니다. "가끔은 사탄도 전교회장(?) 역할을 한다."는 어느 분의 말씀이 생각나 나도 모르게 쓴웃음을 삼켰습니다.

그리고 그때 내가 뒤따라가면서 귀찮게 했던 수사님이 미국 동부에서 치유자로 유명한 팬크라시우스 수사님이라는 것을 알고는 그 행운에도 감사했습니다.

04 두 번째 회개

필라델피아에서의 첫 번째 회개 후 나는 성령의 축복 속에 새 삶을 살았습니다. 그러나 알게 모르게 굴곡이 많았습니다. 모든 일이 은혜롭게 진행되다가도 어느 사이 헝클어지는 듯했고 과거의 어려움이 되풀이되곤 했습니다. 왜 그럴까? 내 사목생활과 사제생활이 주님 안에서 안정적으로 이루어지지 않는 이유는 무엇일까? 내가 회개를 제대로 하지 않은 것인가? 며칠 동안 묵상했습니다. 그리고 지금이야말로 진정한 회개가 필요하다는 결론을 내렸습니다. 그래서 이틀 동안 단식하고 기도하면서 회개의 은총을 청했습니다. 1980년 오하이오 주 콜럼버스에 있을 때의 일입니다.

내 생애 두 번째로 소중한 은총은 이렇게 시작되었습니다.

그때는 신자들의 피정을 앞두고 있던 터라 나 자신이 좀 더 사제의 정체성을 확립하고 사제로서 올바른 삶을 위해 묵상을 했습니다. 그러나 사흘이 지나고 나흘이 되어도 아무 생각이 나지 않았습니다. 그러던 어느 날 오후 응접실에서 잠깐 잠이 들었다 깨어났는데, 40년 넘게 살아온 내 지난날이 파노라마처럼 지나가면서 회개해야 할 일들이 선명하게 떠올랐습니다. 스스로 생각해도 너무 신기해서 그것들을 하나하나 적어보았습니다. 열두 개 정도였습니다.

나는 즉시 꿇어앉아서 나를 회개시키기 위해 지난날의 잘못을 알게 해주신 하느님께 감사드렸습니다. 그리고 "진정으로 회개하는 마음을 주시고, 또 고해할 용기를 주시고, 마음 편하게 고해할 수 있는 사제를 안내해주십시오."라고 기도했습니다.

그날 밤 신학교 동기 신부님이 캐나다 토론토에서 전화를 해왔습니다. 콜럼버스의 성령기도회를 체험해보고 토론토에서도 성령기도회를 만들고 싶다는 내용이었습니다. 이게 웬일입니까? 마음이 통하는 편안한 동기 신부님을 때맞추어 고해신부님으로 보내주시다니. 나는 하느님께 감사드렸습니다. 그런데 이틀 뒤 공항으로 마중 나간 나는 신부님을 보는 순간 가슴이 덜컥 내려앉았습니다.

그분을 만나서 지난날의 잘못을 오늘 다 고해하고 나면 3, 4일 동안 어떻게 얼굴을 맞대고 같이 지낼 수 있을까? 갑자기 인간적인 생각에 갈등이 생겼습니다. 그분을 차에 태우고 사제관에 오는 동안 내 마음은 몇 번이나 오락가락했습니다. 어떻게 지난날의 좋지 못한 일들을 다 고해할 수 있을까? 마음이 복잡해졌습니다. '한 가지만 빼고 고해하면 되지 않을까?' 했다가, 다시 5분 정도 지나자 이번엔 '그걸 빼고 하려면 뭐 하려고 고해해?', '오늘 하지 말고 공항으로 떠날 때 차 안에서 한 10분 정도 고해성사를 하고 보내면 차라리 편하지 않을까?' 하는 생각도 들었습니다. 잠시 마음이 편해지는 듯하다가도 이내 불편해졌습니다. 그때 '중요한 일은 먼저 해야 하겠다.'고 하느님께 기도했던 것이 생각났습니다. 다시 마음이 혼란스러웠습니다. 갈등이 끊이지 않는 사이, 25분 거리에 있는 사제관에 도착했습니다.

나는 신부님을 응접실로 안내하고 커피를 드리고 나서, 잠깐 화장실에 간다고 말하고는 성당으로 갔습니다. 제단 앞에서 예수님께 기도했습니다.

"흔들리는 제 마음을 바로잡아 주십시오. 처음 마음먹은 대로 실천할 수 있도록 도와주십시오. 오늘 고해성사를 볼 수 있는 은혜를 저에게 내려주십시오."

이렇게 기도하고 나서 돌아온 나는 용기를 내어 고해성사를 보았습니다.

나는 미리 써서 준비한 것을 보면서 40여 분 정도 하나하나 빠짐없이 고해를 했습니다. 평생 내 속에 남아 있던 갖가지 죄를 이렇게 성실하고 정직하게 고해한 것은 이번이 처음이었습니다. 고해성사를 마치고 나자 신부님이 내 앞에 무릎을 꿇고 앉으면서, "나도 고해성사를 보겠다."고 했습니다. 나는 신부님의 고해성사를 받아주었습니다. 신부님의 고해는 나보다 더 단순하고 은혜로운 고백이었습니다.

고해성사를 마치자 신부님은 눈물을 흘리면서 기도했습니다.

"하느님, 정말 감사합니다. 오늘은 우리가 사제생활을 처음 시작한 그날보다 더 은혜롭습니다. 우리의 순수한 영혼이 창공을 날아가는 것과 같은 자유를 느낍니다. 정말 이 날을 주신 하느님께 감사드립니다."

나는 기도를 들으면서 성경말씀이 생각났습니다.

"고생하며 무거운 짐을 지고 허덕이는 사람은 다 나에게로 오너라. 내가 편히 쉬게 하리라."(마태 11, 28)

서로 고해성사를 주고받으면서 우리는 깊은 영적 유대를 갖게 되었습니다. 성사 안에서 좋지 못한 것, 죄스러운 것, 우리가 실패했던 것들을 서로 솔직하게 나누었기 때문에 우리는 그 후에도 오랫동안 영적으로 좋은 친구가 되었고, 서로를 위해 간절히 기도해주는 아름다운 동반자가 되었습니다. 그리고 가끔씩 교환사목을 하면서 워싱턴과 토론토 교우들에게도 영적인 도움을 줄 수 있었습니다.

공동체를 기쁘게 한 회개

1982년 미국 오하이오 주 데이톤에 있을 때입니다. 성탄절을 준비하면서 40~50명의 신자들에게 약 30분 정도의 면담고 해성사를 보라고 시간을 정해주었습니다. 어느 날, 고해성사에 빠진 사람이 한두 명 있어서 나도 잠시 쉬고 싶었습니다. 눈을 감고 휴식을 취하고 있는데 문득 〈마태오 복음〉의 한 구절이 떠올랐습니다.

"네 안에 어둠이 있는데 너는 그것을 빛이라고 생각한다. 그것을 빛이라고 생각하는 너의 아픔이 얼마나 심하겠느냐?"(마태 6, 23)는 내용의 말씀이 내 머릿속으로 파고들어오는 듯했습니다. 정신이 번쩍 들었습니다. 그동안 나는 "이것이 진리다.", "이것은 사제로서 내가 살아가는 중요한 좌우명이다.", "내 소신이다." 또는 "이것은 교회의 원칙이다." 하면서 신자들에게 내 생각을 주장하고 설득하고 강요했다는 생각이 들었습니다.

 나는 곰곰이 생각해보았습니다. 물론 그런 내 말의 내용은 분명 진리이며 교회의 원칙입니다. 그러나 많은 부분 그것들은 내가 나를 거룩하게 포장하기 위한 수단으로 사용할 때가 많았다는 생각이 들었습니다.

 과거 사제생활을 하면서 이루지 못했던 것들에 대한 아픔과 한을 보상받기 위해서 진리와 교회의 가르침 위에 내 신념을 보태어 교회의 이름으로 강요한 경우가 많았다는 것을 깨달았습니다. 아주 그럴싸하게 합리화해서 신자들이 무조건 따라오도록 강요했던 것은 아니었던가? 자신이 실천하기도 어렵고 따르기도 곤란한 일들, 그렇다고 거부할 수도 없는 일들 때문에 신자들은 얼마나 힘들었을까?

 '네 안에 있는 빛은 빛이 아니라 어둠이다. 네가 그것을 빛으로 알고 있기 때문에 그것을 벗어나기가 너무 힘들다.'

 이 묵상을 통해 나는 그동안 내가 신자들에게 부담스러운 말들을 너무 많이 했다는 생각이 들었습니다. 나로 인해 마음고생을 한 신자들이 얼마나 많았을까?

 며칠 후 성탄미사를 마치고 나서 나는 신자들이 모인 자리에서 나의 언행이 솔직하지 못했음을 사과했습니다. 지난 1년 동안 여러분에게 고통을 준 데 대해 죄송하게 생각한다고 솔직하게 이야기했습니다. 진리요, 좌우명이요, 소신이요, 원칙이라고 하면서 내가 실천하기도 힘든 일을 강요했던 것, 그것이 하느님의 뜻이 아닐 수도 있음에도 하느님의 은총이라고 했던 내 말들에 대해 용서를 구했습니다. 나는 아주 단순한 마음으로 잘못을 시인했고, 내 잘못을 신자들이 용서해 주기를 바랐습니다.

놀랍게도 그 후 한 달 동안 우리 신자들은 아주 큰 기쁨을 누리며 살았습니다. 한 사제가 소박하게 회개했을 때 공동체가 기뻐하는 것을 보고 나는 또다시 회개의 위대한 힘을 느꼈습니다. 사제의 회개는 진정한 복음이었습니다. 사제가 회개의 삶을 살아가는 것, 그것이야말로 복음 선포의 핵심이라는 것을 마음 깊이 깨달을 수 있었습니다.

사제가 먼저 회개하는 것이 신자들을 사랑하는 값진 행동이며, 백마디 말보다도 진정으로 회개하는 삶을 살아가는 것이 교회를 사랑하는 길임을 알게 되었습니다.

"여러분에게 맡겨진 양 떼를 잘 치십시오. 하느님의 뜻을 따라 자진해서 하며 부정한 이익을 탐해서 할 것이 아니라 기쁜 마음으로 하십시오. 여러분에게 맡겨진 양 떼를 지배하려 들지 말고, 오히려 그들의 모범이 되십시오. 그러면 목자의 으뜸이신 그리스도가 나타나실 때에 시들지 않는 영광의 월계관을 받게 될 것입니다."(1베드 5, 2-4)

 ## 삶을 정리하는 회개

1987년 안식년을 가졌습니다. 조지아 주 애틀랜타 시 근교에 있는 트라피스트 수도원에서 40일 피정을 했습니다. 이 수도원을 선택한 이유는 '수도원의 원조'라는 이름에 걸맞게 엄격한 수도 규칙을 따르고 있었기 때문입니다. 50대 중반에 접어든 나도 지나온 삶을 정리하고 내 믿음과 사제 본연(뿌리)의 자리를 재정립하고 그 정체성을 확립하고 싶었습니다.

그런데 이곳 생활에서 가장 힘든 것이 기도 시간이었습니다. 새벽 3시에 일어나서 3시 30분부터 초대송을 노래로 기도하고, 한 시간 동안 묵상을 하며, 아침기도, 거룩한 독서, 그리고 묵상, 이어서 미사를 드린 후 8시에 아침식사를 했습니다. 매일 새벽 3시에 일어난다는 것은 내 생애 처음 있는 일이었습니다. 아무튼 보름이 지나자 이곳 기도 시간에 겨우 적응이 되면서 이렇게도 좋은 새벽시간에 왜 그동안 잠만 자고 있었을까 하는 반성이 물밀듯이 밀려왔습니다.

어둠 속에서도 내재되어 있던 그분의 현존이 밝아오는 태양빛으로 새로운 생명의 기운으로 다가오는 이 좋은 시간을 하느님과 함께하고 있다는 사실이 너무나 기쁘고 황홀하기까지 했습니다. 이제 새벽시간을 바쳐 기도하는 사제가 돼야겠다는 마음이 가슴속에서 우러나왔습니다.

어느새 엄격한 수도원의 기도생활에 맛들이게 되고 기도가 이 수도원의 카리스마라는 것을 깨달아갔습니다. 일을 하면서도, 길을 걸으면서도 〈시편〉의 말씀을 흥얼거렸습니다. "긴 기도를 하는 사람을 존경해야 한다."는 교회의 격언도 그때 비로소 이해하게 되었습니다.

트라피스트 수도원에 있을 때 나는 그곳 수사신부님에게 고해성사를 세 번 보았습니다.

사목생활을 하는 데 잘못한 것이 무엇인가? 나의 평소 사제생활과 사회적인 생활에서 내 사고방식이나 습관 가운데 잘못된 것은 무엇인가? 동료 사제들과 신자들과의 대인관계에서 오는 잘못은 어떤 것이 있었나?

한 시간씩 나누어 분류별로 고해했습니다. 피정 내내 기도 중에 깊이 성찰한 내용을 정리해서 지난날의 나를 되돌아보며 총고해를 하고 싶었습니다.

지나온 삶 속에서 겪었던 아픔, 슬픔, 고통, 갈등, 고뇌가 무엇이며,

그것들이 내 삶의 과정에 어떤 영향을 미쳤는가? 또 알게 모르게 타인에게 얼마나 많은 상처를 주었는가? 풀리지 않는 한과 마음의 응어리들이 내 심령 깊은 곳에 어떤 모양으로 남아 있고 내 현재 생활에 구체적으로 어떤 영향을 미치고 있는가? 특별히 알고 있는 것보다 모르고 있는 잘못(죄)에 대한 회개를 위하여 기도했습니다.

나는 세 차례에 걸쳐 이런 것들을 성실하게 하나하나 짚어가며 고해을 했습니다. 고해를 마치자 신부님은 "이제 그만해도 좋습니다. 계속해서 나의 잘못을 생각하고 자꾸 고해하다 보면 좋지 않은 결과를 가져올 수도 있습니다. 어쩌면 세심증에 걸릴 염려도 있습니다. 이제부터는 내가 잘한 것, 하느님께서 나에게 주신 축복에 감사하면서 기쁘게 살고 하느님의 영광을 드러내는 삶을 살도록 노력하면 좋겠습니다." 하고 나를 격려해주셨습니다.

내 인생에서 매우 중요한 시기였던 그 시기에 나는 참으로 놀라운 일을 체험한 것입니다. 내 사목생활, 개인생활, 대인관계를 통틀어 깊이 묵상할 수 있는 너무나 좋은 기회를 한 달 동안 가질 수 있었고, 단식하면서 하루 예닐곱 시간씩 기도하는 가운데 깊은 회개에 이를 수 있었던 것은 분명 하느님의 크신 축복이었습니다.

음식에 대한 내 태도에 변화가 생긴 것도 그 수도원에서의 일입니다. 한 달간의 뜻 깊은 피정을 은혜롭게 해달라는 뜻으로 나는 시작하는 날부터 4일 동안 단식을 했습니다. 단식을 하면서 내가 평생 먹은 고기의 양을 생각하니 그 양이 실로 엄청난 것이었습니다. 황소가 무려 일곱 마리나 되는 분량이었는데 그렇게 먹은 고기가 지금 이 순간까지 나에게 무슨 좋은 영향을 미치고 있을까? 또 몸에 좋고 맛이 있다는 음식에 왜 그토록 집착하면서 열심히 먹었을까? 생각하니 한심하기 짝이 없었습니다.

지난날 값비싼 음식점의 화려한 식탁이 머릿속을 스쳐갔지만 그 모든 것이 헛된 일이었다는 것을 그제야 깨달았습니다. 그리고 음식의 진정한 존재 의미를 나름대로 터득하게 되었습니다. 음식은 우리 몸의 건강을 유지하기 위하여, 또 주님의 일을 하기 위해서 최소한의 영양을 공급하는 것에 불과하다는 것을…….

하루 종일 사목적인 일을 마치고 저녁 늦게 사제관에 돌아갈 때가 종종 있었기 때문에 시장기를 느낄 때도 많았습니다. 미국의 식복사는 냉장고 안에 여러 가지 음식을 준비해두고 퇴근했지만 나는 '라면' 한 개를 끓여 먹었습니다. 그러면서도 참으로 긴 감사의 기도를 드렸습니다.

"주님, 이 라면을 맛있게 먹을 수 있도록 식욕과 건강을 주셔서 감사합니다. 진수성찬보다 더 소중한 몸과 마음의 건강을 날마다 지켜주시고, 주님과 사람들을 섬기고 사랑할 수 있도록 예수님의 가난을 닮은 사제가 되도록 저를 인도해주십시오."

나흘간의 단식을 하면서 나는 먹는 문제로부터 훨씬 자유로워질 수 있었습니다. 가난을 진정으로 사랑하고 그 가난의 신비를 체험해야만 비로소 사제생활의 많은 부분에서 한층 더 자유로워질 수 있다는 것도 깨달았습니다. 가졌다고 해서 행복하고 가지지 않았다고 해서 불행한 것만은 아닙니다. 마음과 육체를 채워 나가는 일보다 욕심을 비워 나가는 일이 더 중요하며 그것은 성령과 함께 연습을 해야 합니다. 살아가면서 비우고 버리면서 얻게 되는 하느님의 행복은 참으로 신비로웠습니다.

물론 그 모든 것은 성령의 선물이었으며, 성령께서 나와 함께 계셨기 때문에 가능했습니다. 나는 그때를 회상하며 지금도 성령께 감사의 노래를 바칩니다.

"주님은 곧 성령입니다. 주님의 성령이 계신 곳에는 자유가 있습니다. 우리는 모두 얼굴의 너울을 벗어버리고 거울처럼 주님의 영광을 비추어줍니다. 동시에 우리는 주님과 같은 모습으로 변화하여 영광스러운 상태에서 더욱 영광스러운 상태로 옮아가고 있습니다. 이것이 성령이신 주님께서 이루시는 일입니다."(2고린 3, 17-18)

나는 사랑에 빚진 자

　　　　　　나는 지난 2006년 1월 1일 퇴임했습니다. 44년간 교회가 내게 부여한 사제의 직무를 마치고 이곳 '새 예루살렘 공동체'에 살면서 또 다른 사제의 삶을 시작했습니다. 지난 2년간 일하고, 기도하고, 말씀을 전하는 일과 그동안 꿈꾸어오던 공동체를 일구는 새로운 일에 도전하면서 하느님께 더 가까이 다가가기 위해 나름대로 의욕적인 생활을 하고 있습니다.

　그런데 이곳에서 생활한 지 6개월쯤 지났을 때 일입니다. 나는 뜻밖의 일에 시달리기 시작했습니다. 평소 내가 잘 대해주었다고 생각하는 사람, 호의를 많이 베풀었다고 생각하는 사람으로부터 비난과 험담을 듣고 있다는 사실을 알게 됐습니다. 내게 모진 말을 하고 상소리까지 했습니다. 마음이 아팠고 몹시 괴로웠습니다.

그러던 중에 이런 생각이 떠올랐습니다. '내가 지금까지 하느님께 받은 많은 사랑과 축복, 직접 또는 간접적으로 받은 도움이 너무나 많은데도 불구하고 나는 과연 하느님께 무엇을 해드렸던가?' 생각해보니 잘못한 것이 엄청나게 많았습니다. 하느님께 받은 자비와 용서, 사랑과 축복, 그리고 많은 은사들의 몇 백분의 일, 몇 천분의 일이라도 감사하며 살았는가를 생각하니 내 죄가 얼마나 큰지 새삼 깊이 뉘우치게 되었습니다.

신앙생활에 열심인 신자들, 특히 할머니들과 여자 신자들이 나에게 베풀어준 호의와 우정, 국내에서 국외에서 분에 넘치게 받았던 사랑과 대접들, 그 선의와 애정에 감사하다는 표현조차 하지 않은 채 그 사랑에 오랫동안 무디게 살아왔구나, 나도 모르게 그들은 마땅히 그렇게 해야 한다는 생각에 내 마음이 굳어 있었구나 하는 생각이 들자 몹시 부끄러웠습니다.

신자들의 사랑을 받으면서도 그것을 기억하지도, 감사하지도 않고 제대로 보답하지 못한 나는 크나큰 사랑의 빚을 지고 살아가는 사람이었습니다. 그리고 그 빚은 내 일생 동안 갚아도 다 갚지 못할 것 같았습니다. 그들의 너무나 큰 호의와 사랑을 어떻게 다 갚을 수 있겠습니까?

그전까지 나는 이미 회개할 것은 다 회개했기 때문에 큰 죄가 있다는 생각을 별로 하지 않았습니다. 그러나 나는 많은 신자들의 호의와 친절과 사랑을 대수롭지 않게 생각한 큰 잘못을 저질렀습니다. 이것은 죽을 때까지 회개하고 뉘우쳐도 모자랄 것 같은 생각이 들었습니다.

하물며 하느님이 내게 베푸신 사랑을 생각하면 고개를 들 수 없었습니다.

그때부터 나는 미사 때마다 "내 탓이요, 내 탓이요, 저의 큰 탓이옵니다." 하고 기도하면서 더 절실하게 가슴을 치는 습관이 들었습니다. 내가 사랑에 빚진 사람이라는 사실을 깊이 자각하고 나서부터 날마다 미사 때마다 이 참회예절이 그렇게 은혜로울 수가 없었습니다.

"형제들에게 고백하오니, 생각과 말과 행위로 죄를 많이 지었으며, 자주 의무를 소홀히 하였나이다. 제 탓이요, 제 탓이요, 저의 큰 탓이옵니다. 그러므로 간절히 바라오니, 평생 동정이신 성모 마리아와 모든 천사와 성인과 형제들은 저를 위하여 하느님께 빌어주소서."

08 하느님과 함께하는가

　　　　　하느님은 우리 안에 우리와 함께 계십니다. 우리와 함께 계시기를 원하셔서 이 땅에 오셨고 지금도 매순간 우리에게 다가오고 계십니다. 그 하느님을 우리는 과연 어떻게 만나고 있습니까?
　2006년부터 이곳 새 예루살렘 공동체에서 생활하면서 내가 하느님의 현존을 얼마나 소중하게 생각했는가에 대해 깊이 묵상하게 되었습니다.
　〈요한묵시록〉 21장에는 "하느님의 집은 우리 사람들 가운데 있다."는 말씀이 있습니다. 예수님의 탄생 역시 임마누엘 즉, '우리와 함께 계시는 하느님'의 강생을 전해주고 있습니다. '사람과 함께 사시는 하느님', 우리는 그 하느님을 믿고 있습니다. 그것이 우리의 신앙이며, 성경이 전하는 진리입니다.

우리가 하느님을 나의 주님으로 모시고 살아갈 수 있는 것은 바로 이 진리에 대한 믿음이 있기 때문입니다. 하느님은 현존하신다, 나와 함께 계신다, 내 안에 계신다, 내가 하느님 안에 있다, 그 하느님은 내 안에서 활동하시고 말씀하시고 일을 하시고 나와 대화하기를 원하시고 우리와 보다 좋은 관계를 맺기를 원하신다, 그리고 우리와 하나 되기를 원하신다. 우리는 바로 그 하느님을 믿기 때문에 세상을 살아갈 희망과 용기를 얻게 되는 것입니다.

그렇다면 나는 하느님의 현존을 얼마나 소중하게 생각했는가? 그분과 함께하기를 원했던가? 내 삶 안에 들어오셔서 나와 밀접한 관계를 맺고 생사고락을 함께 나누기를 원할 만큼 나를 사랑하신 그분을 나는 얼마나 사랑했던가? 또 그 사랑을 얼마나 감사하면서 살았던가?

'새 예루살렘 공동체'는 하느님을 모시고 살아가기 위해 마련한 또 하나의 하느님의 집입니다. 그 공동체를 일구면서 생활하는 내게 이 묵상은 참으로 필요하고 중요한 기도가 아닐 수 없습니다.

살아온 매 순간마다 나와 함께 현존하시면서 어렵고 힘들 때 나를 위해 일해주셨고 내게 말씀하고 싶어 하신 그분께 내가 얼마나 귀 기울여 듣고 그분의 뜻에 따라 제자다운 생활을 해왔던가?

우리 신자들도 거의 비슷하지 않을까 생각합니다. 좋은 말씀을 듣기 위해 여기저기 찾아다니고 좋은 책을 골라 이 책 저 책 읽고 있지만 정작 그분이 나에게 하시는 말씀을 귀담아 들으며 살아가고 있는지 생각해봐야 합니다. 하느님은 내게 적어도 하루에 한 번은 내 삶에 중요한 메시지를 전해주셨을 것입니다. 일주일에 한 번은 내 생활에 양식이 되고 삶의 지침이 될 말씀을 하셨을 것입니다. 다만 우리가 듣고 싶지 않았거나 들을 시간을 내 드리지 않았을 것입니다.

나 역시 갖가지 핑계로 하느님을 만나기를 원치 않았던 때가 많았습니다. 그러기에 하느님의 현존을 깊이 인식하지 않고 살았고, 그분의 말씀에 응답하지 않았습니다. 말씀을 실제생활에 실천하기 위해 정성을 쏟지 않았고, 그분에 대한 사랑과 감사가 부족했습니다. 내가 하느님을 얼마나 외롭게 해드렸던가. 그분의 사랑을 얼마나 소홀히 하고 배신했던가. 새삼 뉘우쳤습니다. 나는 또 한 번 회개가 필요하다고 느꼈습니다.

그래도 그분은 여전히 나와 함께 계십니다. 참고 기다리면서 내가 돌아오기를 기다리셨던 것입니다. 침묵하시며 나를 찾고 계셨던 그분 앞에 나는 지금 무릎을 꿇습니다. 그분께로 다시 한 번 돌아서서 가까이 다가갑니다. 그리고 그분과 완전한 일치를 이룰 때까지 이 회개는 계속돼야 하는 것임을 마음 깊이 다짐합니다.

# 나를 사랑하는 지름길

텍사스 주 댈러스에 있는 교우들을 위해 피정을 가졌습니다. 5일 동안의 피정을 마치고 신시내티로 돌아왔습니다. 나름대로 열심히 했기 때문에 가벼운 마음과는 달리 그동안 쌓인 육체적인 피로가 한꺼번에 몰려왔습니다. 몸과 마음의 재충전을 위해 골프로 운동을 마친 후 따뜻한 물로 샤워를 했습니다. 기분이 날아갈듯 상쾌했습니다. 그래서 콧노래를 흥얼거리면서 수건으로 젖은 몸을 닦던 나는 깜짝 놀랐습니다. 대형 거울 앞에 비친 내 모습이 순간적으로 미켈란젤로의 다비드 상처럼 보였습니다. 눈을 껌뻑이며 자세히 보니, 정말로 아주 잘생긴 신체가 거기에 있었습니다. 보디빌딩을 하는 젊은이처럼 딱 벌어진 어깨, 온통 근육으로 다져진 상체와 시원하게 트인 이마가 아름다운 조각품 같았습니다.

순간 〈시편〉의 말씀이 떠올랐습니다. "그를 하느님 다음가는 자리에 앉히시고 존귀와 영광의 관을 씌워주셨습니다. 손수 만드신 만물을 다스리게 하시고 모든 것을 발밑에 거느리게 하셨습니다."(시편 8, 5-6)

미국이 우주선을 달에 처음 쏘아 올렸을 때 교황님께서 인용하셨던 '인간에 대한 찬미가'가 문득 생각났습니다. "사람이 무엇이기에 이토록 생각해주시며, 사람이 무엇이기에 이토록 보살펴주십니까?" 하고 노래한 〈시편〉 저자의 마음을 이해할 것 같았습니다.

하느님은 내게도 좋은 것, 남이 가지지 않은 장점, 그리고 인간으로서의 존엄한 자아를 선물로 주셨습니다. 그러므로 나는 만물의 영장이며 하느님의 모상인 나 자신의 영혼과 육신을 더욱 소중하게 여기고 감사하며 살아야 마땅할 것입니다. 내 육체는 주님의 손길이 빚어 만드신 작품입니다. 주님이 주셨으니, 은혜의 도구로 성장시키고 발전시켜야 하는 것입니다. 그 이후 나는 매사에 욕심내어 무리하게 일하던 생활습관을 가능하면 바꾸려고 노력했습니다. 최소한 자는 시간과 일어나는 시간만은 규칙적으로 지키려고 애썼습니다. 또 내가 그동안 살아온 모습을 돌아보면서 여러 가지 음식과 술, 음료수를 마실 때도 하느님이 현존하시는 내 육체를 하느님 뜻에 맞게 관리하려고 신경 썼습니다.

그러자 지금까지의 나쁜 습관들이 쉽게 끊어졌습니다. 일을 할 때도 우선순위를 정해서 그날의 컨디션에 알맞게 안정적으로 했습니다. 먹는 음식도 조금 부족할 정도로 조절했습니다. 육체가 건강해지니까 기도도 더 잘되고, 기도로 봉사하는 삶의 기틀을 제대로 마련할 수 있었습니다.

　이것이 바로 자신을 사랑하는 지름길입니다. 동시에 하느님께 더 가까이 가는 참된 봉헌의 길이기도 합니다. 자신을 격려하고 아끼고 사랑하면서 긍정적인 사고로 생활하다 보니 마음이 한결 깨끗해졌습니다. 순수해진 내 마음에 성령께서 함께 계시니 회개에 대한 열망도 자주 일어났습니다. 그리고 성령께서는 하느님을 만날 수 있는 길로, 그리고 적극적이고 긍정적인 삶으로 나를 인도해주셨습니다.

10 회개를 어렵게 하는 상처들

　　　　　과거에 나는 사람을 노려보는 습관이 있었습니다. 예를 들면, 미사 중에 아이를 잘 돌보지 않아 미사를 방해하거나 강론 중에 잡담을 하는 사람들을 말없이 뚫어지게 쳐다보는 버릇이 있었습니다. 그러면 금세 조용해지거나 분위기가 달라집니다. 큰 모임이나 집회에서 사람들이 무질서하게 소란을 피우면 으레 나를 찾습니다. 내가 단상에 올라가 한 5분 동안 그곳을 향해 집중하고 있으면 마치 끓는 주전자에 찬물을 붓듯 조용해지곤 했습니다. 한동안 나는 이것을 나만의 독특한 권위나 복음 선포의 카리스마라고 생각했습니다.

　그런데 어느 날 성서를 읽고 묵상하던 중 나의 이 카리스마(?)가 아버지로부터 물려받은 상처라는 것을 알게 되었습니다. 어린 시절 형제들이 서로 싸울 때, 하라는 일을 제대로 하지 않았을 때, 학교 성적이 나빠졌을 때, 아버지는 아무 말씀도 하시지 않고 우리들의 눈을 노려보듯 쳐다보았습니다. 어느 때는 금방이라도 불꽃이 튈 것 같았고, 그 눈초리는 두려움마저 느끼게 했습니다. 아버지의 눈빛은 늘 나를 불안하게 했고, 그런 눈빛이 나는 무섭고 싫었습니다. 그때 나는 커서 저렇게 하지 말아야지 다짐했는데, 오랜 세월 동안 나도 모르게 내가 아버지를 따라하고 있다는 사실을 알고는 정말 놀랐습니다.

우리의 잘못과 나쁜 습관, 우리의 죄들은 우리가 살아오는 동안 경험했던 과거의 상처나 충격과 밀접하게 맞물려 있는 경우가 많습니다. 그리고 사람에 따라서는 그 충격이 너무 커서 스스로 그 상처에서 헤어나지 못하는 경우도 있습니다. 자신의 잘못이나 악습을 반성하고 개선하려는 노력보다는 자신을 방어하려는 수단으로 이를 합리화하거나 정당화하는 사람들도 많습니다. 자신을 깊이 성찰하지 않으면 회개의 기회를 놓치는 경우도 많습니다.

나보다 20년 정도 연하인 신부님을 만났습니다. 그 신부님의 소년 시절은 불행했습니다. 술주정뱅이 아버지가 거의 매일 술을 마시고 식구들을 괴롭혔습니다. 술이 다 깰 때까지 어머니에게 욕하고 식구들을 못살게 구는 아버지를 피해 소년은 아버지가 귀가하는 시간이면 마루 밑에 숨어들어가 있다가 아버지가 잠든 후 기어 나오곤 했습니다. 초등학교 때부터 고교 시절까지 남다른 고통을 겪으며 자라온 소년은 사춘기가 되면서 그동안 쌓였던 울분을 터뜨리기 시작했고, 급기야 어느 날은 아버지를 밀치고 때리기까지 했습니다. 아버지를 미워하고 저주하면서 하루빨리 죽기를 바라기도 했다고 합니다.

그때부터 그는 죄의식을 갖고 괴로워했습니다. 그러다가 차츰 자신을 변명하기 시작했습니다. 내가 아버지를 때린 것은 우리 식구들을 보호하기 위해 그럴 수밖에 없었다고. 그리고 그는 자신의 죄의식을 잊어버리고 싶은 만큼 과거의 아프고 힘들었던 상처로부터도 도망치고 싶었습니다. 그래서 가슴속 보이지 않는 곳에 상처를 묻어버렸습니다. 아버지로부터 받은 상처가 너무나 컸기에 그는 아버지를 저주한 죄마저 잘못으로 여기지 않았고 뉘우침도 없이 그저 잊고만 싶었던 것입니다.

사제가 된 뒤에도 신부님은 사람들의 정에 약했습니다. 누가 자기를 인정해주거나 우정과 사랑을 주면 마음이 쉽게 기울었고, 이성적이고 객관적인 판단보다는 감정에 휩쓸리는 편이었습니다. 치유되지 않은 채 마음 깊은 곳에 감추어둔 상처의 응어리가 조화로운 인격형성을 방해했기 때문입니다.

그 후 신부님은 성령을 통해 하느님의 사랑을 체험했습니다. 일차적으로 어린 시절의 상처가 치유되었고, 자신의 상처가 치유되자 아버지의 성장 과정을 이해하게 됐고 아버지를 용서할 수 있게 됐습니다. 오히려 아버지의 슬픈 과거에 연민을 느끼기까지 했습니다. 끝내는 자신의 잘못을 크게 후회하고 뉘우치는 회개를 통해 이성과 감정이 조화된 인격으로 변화해갔습니다.

돌아가신 아버지를 생각하며 본당의 노인들은 물론 동네 어른들을 누구보다도 극진히 섬기는 신부님을 보면서, 나는 회개를 통해 우리의 깊은 상처까지 어루만지고 치유해주시는 하느님의 사랑과 은총에 무한한 감사를 느꼈습니다.

어린 시절 부모님이 준 상처 때문에 신음하면서 기를 펴지 못하고, 원하지 않는 잘못을 저지르고 살면서 방황하는 많은 군중을 나는 지금도 보고 있습니다. 자녀들에게는 부모의 참사랑이 보약 중의 보약이라고 믿습니다.

Stage 2

성령, 오늘도 내게 오소서

 성령의 축복(1) - 말씀 선포

　　　　　　1980년 가을부터 이듬해 부활절 때까지 매일 일곱 시간씩 성서 읽기에 몰두했습니다. 구약을 다 마칠 무렵 '내 눈이 조금이라도 멀기 전에 성서 한 줄이라도 더 읽고 묵상하다가 죽었으면…….' 하는 바람이 생겼고, 이런 간절한 소망은 그해 내내 계속되었습니다.

　"매일 그렇게 무리하게 성서를 읽으면 이렇게 되니까 조심하세요."

　콜럼버스 아씨시 성당 주임신부님이 귀에다 손가락을 원으로 돌리면서 정신 이상자가 될 가능성이 있으니 조심하라는 충고를 했습니다.

　그 말을 듣고 하루 동안 생각하다가 다음 날 아침식사 때 제가 말했습니다.

　"저는 너무 오랫동안 성서 말씀에 목이 말랐고 갈증을 느꼈습니다.

어느 정도 마시고 나면 자연히 그치지 않겠습니까? 저는 초등학교 4학년 때 성소(聖召·부르심)를 받으면서 말씀에 미쳤다고 생각합니다. 수도·성직생활이 보통사람 정신으로는 불가능하지 않을까 싶습니다."

본당 신부님은 아무 말씀도 하지 않고 그냥 웃기만 했습니다. 그분의 부드럽고 형님 같은 포근한 우정의 미소가 제게 힘이 되었습니다.

귀국 후 나는 본당마다 성서 모임에 열정을 쏟았습니다. 초장 성당 15개, 서대신 성당 14개, 동래 성당 34개 등의 성서백주간 모임을 만들고 봉사에 마음을 다하고 정성을 기울였습니다. 본당 공동체가 말씀의 공동체로 변화되어가는 것을 보는 것이 사목자의 큰 기쁨이었고 동시에 신자들이 열심히 따라와주는 것이 사제로 사는 보람이었습니다.

"신부님이 대화나 가르침을 주실 때, 특히 강론하실 때 아주 자연스러우면서도 강력한 능력으로 말씀을 선포하시기 때문에 많은 감동을 받고 있습니다."

많은 신자들이 내게 이런 말을 할 때마다, 나는 복음을 먹고 소화하고 그것이 살과 피가 되고 근육이 생겨나고 발달하면서 복음의 능력이 내게서 큰 힘을 드러내고 있음을 깨달았습니다. 복음을 열심히 묵상한 지 3년이 지나면서는 나 자신이 복음화되었고 복음의 위대함을 현실 생활에서 구현해갈 수 있었습니다. 또 감사하게도 '말씀의 은사'가 주어지면서 예수님이 그렇게 하셨듯이 말씀이 기적과 초인적인 위력을 발휘하는 걸 알게 됐습니다.

"병자에게 손을 얹으면 병이 낫고 뱀을 쥐거나 독을 마셔도 해도 입지 않고 마귀도 쫓아내고 여러 가지 기이한 언어로 말도 하고……."
(마르 16, 17-18)

    은사 체험은 처음에는 하느님의 현존 체험으로 나타나기도 했고 또 어떤 때는 내 의지와 지능을 압도하기도 했습니다. 그리고 10여 년이 지난 뒤 미주에서 봉사자 교육을 할 때 나는 이 성서의 말씀을 비로소 체험하게 되었고, 복음화의 한 과정을 넘어갈 수 있었습니다.

    "주께서는 그들과 함께 일하셨으며 여러 가지 기적을 행하게 하심으로써 그들이 전한 말씀이 참되다는 것을 증명해주셨다."(마르 16,20)

02 성령의 축복(2) - 음주와 절제

'사제가 되고 사제로 살아가는 동안 술을 먹지 않겠다.'

이런 결심을 하게 된 동기는 아버지에게서 영향을 받았습니다.

아마도 술 때문에 부친이 돌아가셨을 것이라는 기억이 많았던 것 같습니다. 그러나 보좌신부 생활을 하다 보니 술을 마실 기회가 자주 있었습니다. 처음 1, 2년 동안은 그런대로 지내왔는데 3년 정도 지나면서 술을 입에 대기 시작했고, 30대 중반에 가서는 어느새 나도 모르게 '술 예찬론자'가 되었습니다.

"술은 좋은 것이다.", "술이 없는 메마른 세상을 어떻게 살아가나!" 하면서 술에 관한 신·구약성서의 많은 구절을 외우고 메모하여 심지어 호주머니에 넣고 다녔습니다. 계속해서 이런 생활을 했다면 나는 알코올중독자가 되었거나 나의 사제생활은 완전히 뒤틀려버렸을지도 모릅니다.

그러던 1980년 늦가을 밤 자정쯤 나는 잠을 청하다가 '왜 내가 며칠 동안 술을 안 마셨지? 참 이상하구나!' 하는 생각이 들어 침대 옆의 스카치 한 잔을 마셨습니다. 목으로 내려가는 짜릿한 느낌이 정말 좋았습니다. 그런데 잠을 자려는데 갑자기 배가 아파오기 시작했습니다. 위경련이 오는 것처럼 심한 복통을 감당하기 힘들어서 기도하기 시작했습니다.

"하느님, 저를 용서해주십시오. 술이 사제생활에 크게 방해된다고 끊게 해주신 것을 감사하기는커녕 계속해서 마신 것 정말 죄송합니다. 성령의 궁전인 육체에 술을 마구 부어서 오염되게 한 잘못을 진심으로 뉘우칩니다. 그리고 앞으로 술을 끊기로 약속드립니다. 이 통증을 제발 멈추게 해주십시오."

땀을 뻘뻘 흘리면서 기도하다가 잠이 들어버렸는데 다음 날 깨어보니 간밤의 고통은 씻은 듯이 사라졌습니다.

그 후로 7년간 금주했습니다. 어느 날 칵테일 바에 갔다가 진 한 잔을 마셔보니 아주 기분이 좋았습니다. 솔향기가 입맛을 돋우었습니다. 그런데 두 잔을 마시고 나서 슬며시 걱정이 되었습니다. 이러다가 혹시 예전으로 다시 돌아가는 것이 아닌가 하면서 세 잔째 마시니까 그만 혀에서 거부반응이 생겼고 더 마시고 싶은 마음이 싹 사라졌습니다.

그 후 지금까지 20여 년 동안 작은 소주잔으로 두 잔 정도는 기분 좋게 마십니다. 그 이상은 제 몸이 받아들이지 않습니다. 안 먹겠다고 굳게 결심했다가 많이 먹게 되었고, 다시 금주했다가 적정량을 마시는 절제된 음주 생활로 기묘하게 이끌어주시는 성령께 그저 감사드릴 따름입니다.

술을 끊고 성서를 다시 보니 '술이 사목생활에 좋지 않다.'는 구절이 여기저기 너무 많았습니다. "뭐 눈에는 뭐밖에 보이지 않는다."는 속담처럼 성서도 마음가짐에 따라서 보약도 되고 동시에 독이 될 수도 있다는 것을 알게 되면서부터 기도하는 마음으로 성서를 대하고, 특별히 성령의 도우심을 청하게 되었습니다. 아무리 좋은 것이라도 하느님께서 좋아하지 않으시는 것이 있다는 것을 아는 것도 참 중요합니다.

성령의 축복(3) – 가난

　　　　　누구나 그렇겠지만 나는 결코 가난을 좋아하지 않았습니다. 그러나 성령을 만나고 나서 바로 다음으로 만난 것이 '가난'이었습니다. '가난은 행복의 원천이다.', '가난, 선택한 가난은 은사이다.' 이런 생각에 사로잡혀서 근 6개월을 지냈습니다.

그런데 앞으로 '내가 늙게 되면 과연 누가 나를 도와줄 것인가? 교회가 나를 책임지는 것도 아니고…….' 늙기도 서러운데 몇 푼 안 되는 생활비 때문에 교구청에 왔다 갔다 하는 것도 비참한 노년의 모습이라고 생각했습니다. 그래서 노후생활을 걱정하면서 돈을 저축하고 있었고 상당히 치밀한 자금 계획도 구상하고 있었습니다.

1977년에 나는 3만 달러를 가지고 있었습니다. 이것을 잘 굴려서 소위 재테크를 하면 25년 후에는 상당한 액수가 될 것이고, 별로 돈 걱정 없이 자선도 좀 하고 취미생활도 하면서 여유 있는 노년을 보낼 수 있겠다고 생각했던 것입니다.

그러나 내 계획은 오래가지 않았습니다. 시간이 흐르면서 가난 때문에 돈이 없어서 병상에서 신음하다가 죽어가는 안타까운 신문기사를 자주 보게 되었습니다. '2, 30년 후의 경제적인 안정을 위해, 지금 눈앞의 가난한 이웃들을 외면하는 것이 사제의 도리일까?'라는 양심의 소리도 내면 깊은 곳에서 들려왔습니다.

그래서 십자가에서 내의 한 벌도 갖지 못하고 가난하게 죽으신 예수님의 제자로서 내가 살아가고 있는지 다시 한 번 반문해보았습니다. 그러나 교회만 믿고 빈털터리로 노후를 맞이하는 것은 참으로 무모하고 어리석다는 생각도 했습니다. 은퇴한 선배 사제들의 힘든 노후생활도 주위에서 많이 보았습니다. 물론 교구도 좋고 선의로 도움을 주는 교우들도 좋지만 내 문제는 내가 우선 책임지고 처리해야 한다고 생각했습니다.

이런 갈등을 하면서 6개월이 지나갔습니다. 성찬 전례의 성변화의 기도문인 '너희는 받아먹어라. 이는 내 몸이다. 너희를 위하여 내어줄 내 몸이다.' 이 기도와 동작을 더 이상 계속할 수가 없었습니다. 자신의 생명까지도 흔쾌히 내어주시고 지금도 기쁘게 자신을 주시는 그분의 도구가 바로 나 자신이란 말인가?

그렇다면 나는 지금 무엇을 주고 있는가? 지금 내가 가지고 있는 돈을 남에게 주는 것도 이렇게 어려운 일인데……. 도대체 무엇을 위해서, 무엇을 목표로 지금까지 20여 년의 사제생활을 해왔고 앞으로는 또 어떻게 할 것인가? 참으로 앞이 캄캄했습니다. 내일도 미사를 드려야 하는 것이 두렵게 느껴졌습니다.

'너희는 이것을 받아먹어라. 이는 너희를 위하여 내어줄 내 몸이다.'

마침내 나는 처음 워싱턴에 왔을 때로 다시 돌아가야 하겠다고 결심했습니다.

1981년 일시 귀국했을 때, 부산 광안성당에서의 일입니다. 주일날 고해소에 들어온 신자가 계속 울기만 하기에 고해하라고 재촉했습니다.

"너무 서러워서 웁니다. 제가 20여 년 과부로 참고 살아온 것이 한꺼번에 무너지는 것 같습니다."

나는 자세한 얘기를 듣고 싶었습니다.

"20대 중반에 남편이 사고로 저 세상에 갔고, 하나 남은 아들에게 내 모든 것을 걸고 살아왔습니다. 그 아들이 지난 달 서울 명문대에 합격했는데 입학금을 낼 돈이 없습니다."

"주위에 아무도 없습니까?"

"금전적으로 도와줄 일가친척은 하나도 없습니다. 신부님, 어쩌면 좋겠습니까?"

"그렇게 울지만 말고 미사 후에 사제관으로 저를 찾아오세요."

잠시 후에 그분이 왔습니다.

"이 돈은 제 것이 아닙니다. 저는 사제로서 돈을 벌어본 적이 아직까지 한 번도 없습니다. 하느님 것을 제가 잠시 보관하다가 자매님에게 드리는 것이니 하느님께 감사하면서 아들과 함께 열심히 신앙생활을 하시기 바랍니다."

나는 1만 5,000달러를 아무 조건 없이 선뜻 내주었습니다. 이 액수면 대학 4년 동안의 학비로 충분하다고 생각했습니다.

뉴욕에서 만난 가난한 대학교수의 논문 발간 비용으로, 메리놀 병원 불치병 환자 생계비로, 갓 이민 온 분의 1년간의 아파트 월세 등등 다 주고 나니까 은행 통장에는 겨우 1,000달러밖에 남지 않았습니다. 완전히 처음의 무소유로 돌아갔습니다.

'가난한 사람은 행복하다.'는 산상수훈의 이 말씀을 조금은 깨달을 수 있었습니다. 내가 가지고 있는 돈을 모두 다 주었는데 오히려 모든 것을 내가 소유한 것 같은 느낌이었습니다. 참으로 신기하기만 했습니다. 언젠가는 썩어서 없어질 것을 주었는데도, 오히려 주님을 내가 소유하게 되었다는 기쁨과 희망이 가슴 저 안에서부터 불기둥처럼 힘차게 솟아오르고 있었습니다.

사제로서 진정으로 소유해야 할 것이 무엇인지. 내가 선택한 가난의 축복이 사제 영성에 얼마나 중대한 것인지. 이 세상의 소유와 물욕에서 해방되는 은총은 얼마나 고귀한지를 깊이 묵상하게 되었습니다. 나를 가난으로 인도해서 주님의 참 사랑 안에서 풍요로운 사제의 삶을 살도록 축복해주시는 성령은 찬미, 영광 받으소서.

성령의 축복(4) – 인간관계 회복

　　　　　"남의 눈에 눈물을 흘리게 하면 주교님의 눈에는 피눈물이 나지 않겠습니까?"

　1970년대 초, 주교님과의 마지막 대면에서 내가 한 말이었습니다.

　그리고 얼마 후 나는 한국을 떠났습니다. 자의 반 타의 반으로 낯선 외국생활을 하게 됐습니다. 당시 김종필 국무총리나 경갑용 신부님(현재 대전 교구 은퇴 주교)이 이런 식으로 유행처럼 고국을 떠나던 무렵이었습니다.

　독일에서 근 1년을 체류하다가 미국 워싱턴 D.C.로 자리를 옮겼습니다. 길어야 2년 정도 체류하다가 귀국하려고 생각했는데 초대 한인 성당을 설립하고 무려 5년 반 동안 그곳에서 사목활동을 하게 되었습니다.

어느 날 오후 2시께에 한국에서 손님이 왔다기에 응접실에 가보니 주교님이 찾아오셨습니다.

"외국에서 지내기가 무척 힘들지요?"

"정들면 고향 아닙니까?"

일부러 나를 찾아주신 윗분에게 해선 안 될 버릇없는 대답이었습니다. 그리고 5분도 채 지나지 않아서 가시겠다는 주교님께 잘 가시라고 인사하고는 뒤도 돌아보지 않고 내 방으로 갔습니다.

그동안 가슴에 사무쳤던 주교님에 대한 감정의 응어리가 더 커지는 것 같았습니다. 한 맺힌 상처와 고통 때문에 내 결례는 벌써 잊고 있었습니다. 두 번 다시는 만나고 싶지 않았고 만나서 대화를 한다는 것이 오히려 건강에 해롭다는 생각뿐이었습니다.

그 후 5년이 지나서 주교님이 신시내티를 방문했고 나흘 동안 나와 함께 계셨습니다. 미사와 만찬, 저녁 기도회와 운동을 같이하면서 매우 즐거운 시간을 가졌습니다. 이상한 것은 예전의 아주 좋았던 관계보다 훨씬 더 좋은 모습으로 발전했다는 것을 느끼게 되었습니다.

주교님은 한국에 가서도 신자들이나 봉사자의 특별 강론 때도 왕신부와 신시내티 공동체의 좋은 점과 아름다운 면을 자주 소개해주셨다는 말을 간접적으로 들었습니다.

내가 주님과 화해하고 죄를 용서받고 주님 사랑 가운데 머물러 있게 되니까 성령께서는 주위의 사람들과 원수까지도, 심지어 동식물과 아주 작고 보잘것없는 사물에 이르기까지 은혜로운 관계를 맺게 해주셨습니다. 그때 나는 주님과의 관계가 올바르게 정립되면 내 삶의 횡적인 대인관계도 아름답게 이루어진다는 것을 체험하게 되었습니다.

또한 사람과 사람 사이의 관계가 더 친밀해지면 주님과의 관계도 더 가까워진다는 것을 깨닫게 되었습니다. 이 원리가 순환되면서 더욱 더 영적으로 성숙해지는 것을 배웠습니다.

"하느님께서는 이미 정하신 사람들을 불러주시고 부르신 사람들을 당신과 올바른 관계에 놓아주시고, 당신과 올바른 관계를 가진 사람들을 영광스럽게 해주셨습니다."(로마 8', 30)

성령의 축복(5) – 성(性)으로부터의 자유

'나이가 들어 늙고 체력이 떨어지면 성적인 문제도 그냥 해결되겠지!'

'정말 그렇게 될까? 인간의 본능이며 하느님께서 주신 고귀한 선물인데 그 정도로 쉽게 소멸될까?'

이런 비슷한 생각을 가지고 신학교 7년과 젊은 사제생활 10여 년을 지냈습니다. 그러나 변한 것은 아무것도 없었습니다. 한 달에 두세 번의 주기적인 성적 충동은 독신생활을 요구하는 사제생활에 커다란 걸림돌이었습니다.

그래서 그동안 수없이 고해성사도 보았고 육체적인 수련과 음식의 절제 등 긴 기도와 영성적인 방법을 시도해보기도 했습니다. 또 친구들과 의논도 하고 선배들에게 여러 가지 조언도 들었지만, 약간의 도움 외에 근본적인 해결 방법은 결코 못 되었습니다.

그러던 1981년, 치유의 능력이 탁월하시고 평화로운 사제생활을 하시는 외국 신부님과 같이 살게 되었습니다. 그분께 성적인 문제 때문에 나의 사제생활이 자유롭지 못하다고 상담을 했습니다.

"성에서 자유롭기를 원합니까?"

"예, 저의 오랜 소망입니다. 근래 4, 5년 전부터는 더욱 더 간절하게 바라고 있습니다. 성령을 체험하고 그분 안에 생활하면서부터는 저도 예수님처럼 살기를 희망하고 있습니다."

"그러시다면 내일 아침 미사 후에 같이 기도합시다."

"사랑이신 주님, 오늘 아침 찬미와 영광을 받으소서. 당신이 부르셔서 사제가 된 왕 프란치스코가 성적인 충동과 유혹 없이 사제생활 하기를 간절하게 원하고 있습니다. 당신의 뜻이라면 현재의 성적인 에너지를 복음 선포의 능력으로 바꾸어주십시오. 예수님의 이름으로 비옵니다."

그러고는 5분 정도 심령기도를 했습니다. 그리고 끝났습니다.

솔직히 저는 실망했습니다. 어떤 느낌이나 충격이 있을 것으로 상당히 기대하고 있었는데 아무런 체험도 없었고 다만 신부님의 기도만 감동적으로 마음에 와 닿았습니다. 단순하면서도 주님 마음에 드는 기도라고 생각했습니다.

그런데 3개월이 경과하면서 문득 알게 됐습니다. 한 달이면 정기적으로 일어나던 성적 충동이 웬일인지 그동안 한 번도 없었습니다. 6개월이 지나자 확신이 들었습니다. 드디어 성 문제에서 완전하게 해방되어 있는 자신을 발견하고 너무 기뻤습니다.

나는 아무리 예쁘고 매력적인 여자를 보아도 그저 동생 같고 누이 같으며 어머니처럼 느껴지면서 아주 자유로웠습니다. 아무런 스스럼 없이 순수한 우정으로 악수하고 포옹할 수가 있었습니다. 상대방도 사심 없이 환한 얼굴로 다가왔고 깊고 폭넓은 인간관계 속에서 은총의 삶을 살게 되었습니다. 그렇게도 소망하던 성으로부터의 자유로움은 어쩌면 삶의 희열이었고 사제의 참모습을 알게 해주었습니다.

그때부터 나는 눈물을 흘리면서 복음 선포를 위하여 기도했습니다. "주님, 제가 주님의 복음을 세상 어디에서나 능력 있게 전할 수 있게 도와주십시오. 제 자신이 복음적인 기쁨과 평화의 도구가 되게 하여 주십시오. 복음을 전하다가 현장에서 마지막을 맞게 해주시면 더 이상 큰 영광이 없겠습니다. 저의 간절한 소망을 꼭 들어주십시오."

그 이후에 나는 약간은 미친 듯이 복음 전선에서 10여 년 동안을 숫자상으로는 사도 바오로보다 더 많은 곳을 돌며 세계 각 지역을 순례했습니다. 지치지 않는 열정과 커다란 보람을 느끼면서 미국은 물론 캐나다, 남미, 유럽, 한국 등을 두루 순례했습니다.

남자의 도움 없이도 마리아 안에 생명을 잉태하시는 분이 하물며 성의 방향을 바꾸시는 것은 아주 쉬운 일이 아니겠는가? 이렇게도 쉬운 길이 있었는데 왜 그동안 먼 길을 돌아서 왔는지…….

"하느님께서 하시는 일은 안 되는 것이 없다."(루가 1, 37)

Stage 3

치유의 시간, 치유의 은사

01 면담고해성사(총고해성사)

　　　　　　대화를 나눌 때는 서로 얼굴을 마주보면서 하는 것이 좋습니다. 마찬가지로 인생 상담이나 고해성사, 영성 상담과 같은 전인적인 상담은 더더욱 그렇습니다. 가톨릭교회 전례헌장은 얼굴을 보면서 고해성사 보기를 권고하고 있습니다. 교회가 성직자 위주로 제도화되고 나서 중세부터 고백이 형식화된 측면이 없지 않은 것은 사실입니다. 안타까운 일이죠.

　나는 사목 활동 가운데 개인 상담, 면담·고해를 매우 중요한 직무로 여겨왔습니다. 이것이 나의 소명 중에서도 가장 중요한 소명이라 믿었기 때문에 지난 30여 년간 일주일에 2, 3일씩 아침 9시부터 밤 9시까지 신자들을 만나 면담과 고해성사를 주었습니다. 신자들과의 면담을 통해 나는 하느님과 좀 더 가까워질 수 있었고 내 사제생활이 성숙해지는 은총을 받았습니다.

면담이나 면담고해성사는 의사와 환자가 마주 앉아 상담하는 것과는 크게 다릅니다. 사제와 신자가 얼굴을 마주하고 있는 그 자리에는 기도가 있고 하느님이 함께 계시고 성령께서 활동하시면서 돕고 계시기 때문입니다. 하느님 안에서 사제와 인격적으로 만나기 때문에 마음을 열고 깊은 대화가 가능한 것입니다. 다양한 사람들이 면담고해를 통해 내적인 변화를 일으키고 스스로 문제를 해결하면서 새로운 인생을 살아가는 사례를 나는 많이 경험했습니다. 면담고해를 하고 마음속에 맺힌 한을 풀고 상처를 치유받고 안수와 기도를 하고 난 뒤의 그들의 모습은 몰라보게 달라졌고, 그들의 삶은 이전과는 전혀 다른 삶을 살아가는 것을 너무나 많이 보아왔습니다.

지난 30여 년간 이렇게 면담고해성사를 해오면서 가끔 내가 '비안네' 신부님을 닮아가는 것이 아닌가 하는 생각이 들 정도로, 나는 내가 면담 또는 상담의 은사, 또 믿음과 지혜의 은사, 치유의 은사를 통해 복음을 선포하는 역할을 하는 도구로 쓰이고 있다는 생각을 했습니다.

교회의 성사적인 행위는 모두 예수님의 행위입니다. 그것이 우리의 믿음이며 교회의 가르침입니다. 따라서 용서와 치유는 내가 하는 것이 아니라, 또 내가 능력이 있어서가 아니라, 다만 은사를 받은 도구로서 사람에게 유익하고 하느님께 영광을 드리는 나의 은사적, 성사적 행위였을 뿐입니다.

면담고해를 시작할 때 나는 '주님의 기도'와 구체적이고도 간절한 마음으로 상대방을 보내주신 데 대하여 감사기도를 드립니다.

"사랑이신 주님, 당신이 사랑하는 ○○○ 자매를 만나게 해주신 것을 진심으로 감사드립니다. 이 자리에 함께하여주시고 당신 사랑으로 이 시간을 이끌어주옵소서. 당신이 사랑하는 ○○○ 자매가 앞으로 더 기쁘고 보람 있는 삶을 살아갈 수 있도록 필요한 은총을 이 시간에 내려주시옵소서. 예수님의 이름으로 비나이다."

그리고 편안한 마음을 갖도록 배려하는 것을 잊지 않습니다. 기도로 주님을 모시고 해결과 치유를 간구하고, 또 내담자를 진심으로 반기는 마음이 전달되었을 때 우리의 이야기는 상당히 자연스럽게 진행됩니다. 면담 시간은 대개 최소한 30분에서 한 시간 반 정도이지만 많은 사람들이 '이것까지는 말하지 말아야지.' 하고 마음먹었던 얘기까지 다 털어놓고 마는 것 같습니다. 정신과 의사한테 1년 이상 치료받은 후에야 가능한 대화를 한 시간이면 부끄럽고 감추고 싶었던 속 깊은 얘기까지 다 하게 됩니다. 그 은혜로운 시간에 나는 속으로 이렇게 기도합니다.

"주님, 감사합니다. 당신의 따뜻하고 부드러운 사랑으로 지난날의 상처와 아픔을 어루만져주십시오. 내면의 깊은 곳까지 모두 고해할 수 있도록 도와주십시오. 당신의 역사하심에 다시 한 번 감사드립니다."

이렇게 주님의 현존과 사랑의 축복을 눈으로 확인하면서 계속된 면담고해들은 내게도 큰 은혜였습니다. 그래서 가끔 하루 열 시간의 면담고해성사를 주고 나면 몸은 피곤하지만 그 성사의 은총이 바로 내 사제생활과 영성생활에 새로운 힘을 주고 도움을 주는 것을 느낄 때가 한두 번이 아니었습니다.

많은 신자들이 면담고해를 통해 성사의 은총을 누릴 수 있기에, 사제의 역할은 매우 중요하다고 생각합니다. 물론 나의 경우 나이가 많은 사제에 대한 신뢰감도 영향을 미쳤을 것이지만, 그보다는 내가 그들을 사랑하고 있다는 것, 잘되기를 원하면서 사랑을 나누고 있다는 느낌을 주었던 것이 그들의 마음을 여는 데 크게 도움이 됐을 것입니다. 의사와 달리 돈을 받지 않기 때문에 더 쉽게 문제점에 접근할 수 있었을 것입니다. 또 관심과 사랑과 우정을 가지고 열심히 들어주고 가끔씩 얘기에 동조하면서 스스럼없이 마음의 문을 열게 한 것도 문제해결의 열쇠가 되었을 것입니다.

한 시간 가까운 얘기가 끝나면 나는 5~7분 정도 진단과 처방을 전합니다. 죄라고 생각했던 것, 사소한 일이라고 생각했던 것들을 바로 알게 해주고, 머리와 가슴으로 느끼지 못한 충격과 갈등과 상처와 같은 드러난 현상들의 근원과 핵심적인 뿌리를 찾아내어 들려줍니다. 자신도 모르고 살아온 자기내면을 대면하면서 그들은 비로소 자신의 참 모습을 만나게 되고 자신을 발견하게 됩니다. 그 만남과 발견은 새로운 출발을 가능하게 해주는 큰 힘이 되는 것입니다.

그때 나는 특히 사랑받지 못했던 사람들에게 다음과 같은 말과 함께 기도할 것을 당부합니다.

"우리 안에 계시는 성령을 통하여 아버지의 사랑을 우리에게 부어

주었습니다."라는 〈로마서〉 5장 5절의 말씀과 함께, 크고 위대한 하느님의 사랑을 내 안에 계시는 성령을 통해 내 마음에 부어주시기를 청하라고 권합니다. 지금 그 사랑을 전달해주시고 그 사랑에 흥건히 적셔주시기를, 그 사랑 안에 잠겨서 살 수 있도록 예수님의 이름으로 기도하라고 가르칩니다.

그러고는 일주일 또는 한 달 동안 3~5회 지속적으로 만납니다. 그런 가운데 상처가 치유되고 죄에 대한 의식까지 씻깁니다. 많은 사람들이 죄의 용서를 받고도 죄의식 때문에 괴롭게 사는 경우가 많은데, 거기서 해방되어 기쁘고 자유롭게 살게 되는 것을 볼 때 참으로 면담고해성사의 큰 은총에 감사를 드리게 됩니다.

내 생각으로는 교회 안에서 영적지도 신부가 필요하다고 하는 이유가 바로 여기에 있는 것 같습니다. 한 달에 한 번 정도 영적, 신앙적, 가정적, 사회적, 인간적으로 지도를 받는다면 그 생활이 빗나가지 않고 지속적으로 성장해서 삶의 열매를 맺을 수 있을 것입니다.

사실 1980년도부터 고해소는 내게 있어 중요한 기도 장소였고, 사목 활동의 중요한 현장이었습니다. 그리고 면담고해야말로 사람들을 하느님께로 인도하는 참으로 좋은 길이었다고 생각합니다.

그래서 나는 누구나 일생에 세 번 정도 자신을 돌아보는 총고해성사, 면담고해를 하는 것이 좋다고 생각합니다. 즉 어릴 때부터 현재까지를 되돌아보면서 혼인 전에 한 번, 회갑 또는 은혼식 때, 그리고 죽음 전에, 인생의 중요한 마디마디마다 총 정리를 하고 새로운 출발을 하는 것이 인간적으로나 영적으로 우리 삶을 하느님의 은총 안에 살 수 있게 해줄 것이라고 생각합니다.

    내 삶이 어디에서 잘못됐는지, 어디서 빗나갔는지, 내 상처와 한과 슬픔과 분노는 무엇인지, 누구에게 상처를 주었는지, 기도하고 또 특별한 은총을 청하면서 총고해 또는 면담고해를 한다면 우리는 성사를 통해 용서와 치유를 받게 될 것이고 기쁨을 회복하고 이해와 사랑 안에서 주님이 원하시는 삶을 살 수 있는 은총을 누리게 될 것입니다.

"그것은 네가 처음에 지녔던 사랑을 버린 것이다. 그러므로 네가 어디에서 빗나갔는지를 생각하여 뉘우치고, 처음에 하던 일들을 다시 하여라."(묵시 2, 5)

# 02
선종(善終)의 은혜

"신부님, 앞으론 신부님이 병자성사 주는 곳에 같이 가고 싶지 않습니다."

나와 동행하면서 기도도 하고 성가도 같이 해주던 수녀님이 어느 날 내게 말했습니다. 의아해하며 돌아보는 내게 수녀님이 단호하게 말했습니다.

"신부님과 같이 환자 방문을 하고 나면 그 환자들이 빨리 죽습니다. 환자 봉성체와 병자성사에 신부님과 3개월 정도 동행했는데 그동안에 벌써 몇 사람이나 하늘나라에 갔습니다."

우리가 가지 않으면 그렇게 빨리 죽지 않을 수도 있을 텐데 하는 죄책감 때문에 괴롭다는 게 이유였습니다.

생명은 하느님의 선물입니다. 따라서 인간은 어떤 경우에도 삶을 선택하는 것이 마땅한 일입니다. 생에 대한 애착은 인간의 본능이며, 죽음은 누구에게나 두렵고 피하고 싶은 생의 끝입니다. 그러나 그리스도인에게는 죽음도 또 하나의 생명을 얻는 관문입니다. 영원한 생명에 이르기 위해 우리는 반드시 죽음을 통과해야 합니다. 그 죽음을 잘 맞이하기 위해 교회는 앓고 있는 이들을 위해 거룩한 병자성사를 준비하는 것입니다.

병자성사는 치유의 성사입니다. 예수님이 병자들을 고쳐주셨듯이, 육신을 치유함으로써 건강을 회복하여 일터로 돌아가고, 또 주님이 원하시는 선종을 할 수 있도록 영혼의 치유와 은총을 구하는 기도를 합니다.

"수녀님, 죽을 사람이 잘 죽는 것은 큰 축복입니다. 선종하는 것은 가장 완전하고도 영원한 치유입니다. 그것이 바로 병자성사의 핵심입니다. 일생 동안의 죄를 용서받고 치유받아서, 주님의 부르심을 받아들이고 두려움을 극복하고 편안히 주님께로 돌아가게 해달라는 것이 병자성사의 중요한 기도이고 전례입니다."

"죽는 것이 완전하고 영원한 치유입니까? 모든 환자들이 조금이라도 더 생명을 연장하려고 온갖 수단과 방법을 동원하고 심지어는 미사까지 드리는데요. 신부님, 저는 환자 앞에서 이 환자가 빨리 편안하게 죽게 해달라고 기도할 용기도 없고 해본 적도 없는데요."

나는 수녀님에게 환자들과 면담도 하고 고해성사도 하고 안수도 하고 성체를 모시게 하는 병자성사를 통해 환자가 지난날의 죄와 상처와 아픔에서 해방되는 모습을 많이 보아왔고, 그들이 평화롭게 죽음을 맞이하는 모습을 보아왔다고 얘기해주었습니다. 그래서 어떤 분들은 진심으로 하느님께 빨리 돌아가고 싶어 하는 걸 본 적도 있다고 말해주었습니다.

"수녀님, 저는 가끔 가다가 빨리 죽는 것에 대해 대화도 하고 기도도 해드립니다. 소생할 수 있는 병이라면 빨리 쾌유하는 것이 은혜겠지요. 그래서 저는 환자와 대화할 때나 기도할 때 주님의 뜻을 분별해서 쾌유나 선종의 은혜를 달라고 기도하는데, 지금까지 싫어하는 분을 한 번도 본 적이 없습니다. 어차피 죽을 수밖에 없는 병이라면 환자 자신이나 가족들의 고통을 덜어주기 위해서라도 최소한의 임종 준비 기간을 갖는 것이 필요한 일 아니겠습니까?"

"신부님의 말씀이 옳은 것 같고, 병자성사의 은총을 오늘 새삼스럽게 다시 한 번 깨달았습니다. 그런데 보통 사람들과 다르게 신부님은 치유의 은사(恩赦)가 있다고 느껴집니다. 앞으로는 신부님과 함께 기쁘게 봉사하면서 많이 배우기로 하겠습니다."

1991년 20년 만에 귀국한 후 첫 본당이었던 초장 성당에서의 일이었습니다.

"긴 병에 효자 없다."는 말이 있습니다. 병에서 회복할 수 있는 환자에게 회복의 은혜를 구하는 한편, 회복이 불가능한 환자에게 생의 마지막을 은혜롭게 마칠 수 있도록 기도해야 합니다. 죽음을 하느님의 뜻으로 자연스럽게 받아들이고 죽음을 극복함으로써 영원한 생명에 대한 희망과 기쁨을 안고 세상의 삶을 마감할 수 있도록 은총을 구하는 병자성사는 우리 삶을 정리하는 데 매우 중요한 성사인 것입니다.

그래서 나는 병자성사 때 면담고해를 권고합니다. 인생을 살아오면서 마음 아프고 가슴에 지워지지 않았던 상처가 무엇인지, 고해성사는 보았지만 그 죄의식에서 헤어나지 못한 어떤 잘못이 있는지, 한 생애를 통하여 가장 한(恨)이 되었던 것은 무엇인지, 앞으로 치유되어 건강하게 산다면 꼭 하고 싶은 것은 무엇인지 등을 질문하고 경청합니다.

그리고 치유기도와 함께 사죄경(赦罪經)을 해드립니다. 저와 봉사자, 유가족이 번갈아가면서 치유안수도 해드리고, 치유와 건강을 위한 성가도 심령을 다해서 노래합니다. 마지막으로 예수님의 몸인 성체도 모시도록 하고 마지막 기도와 함께 환자를 위한 장엄강복(莊嚴降福)으로 예식을 마칩니다.

이런 전례를 통하여 환자들이 건강을 회복하기도 하고, 어떤 이는 내적인 치유를 받고 아주 평온하게 임종을 하는 모습을 자주 보아왔습니다. 인간의 마지막 두려움의 대상인 죽음을 초월하는 병자성사의 특별한 은총을 체험하면서 '사제가 된 것이 잘한 일이구나!' 이런 생각과 함께 사제생활에 새로운 활력을 얻게 됩니다. 하느님과 교회에 대하여 새롭게 감사하는 마음이 더 깊어만 갑니다.

오늘 같은 내일의 연장이지만 사랑할 시간이 많지 않습니다. 기도할 시간도 그리 많지 않습니다. 시간의 길이를 바꾸고 싶은 것은 어쩌면 인간의 욕심인지도 모릅니다. 이 세상 소풍 끝내는 날, 한 인생의 마지막이 아름답기를 기도합니다.

치유(1) – 할머니의 한

"신부님, 나는 우리 영감 절대로 용서 못합니다."

1984년 LA피정에 온 70대 할머니가 온몸이 분노로 가득 차서 고함치듯 말했습니다. 그리고 저녁에 또 찾아와 "신부님, 신부님이 아무리 그렇게 말씀하셔도 나는 영감이 용서가 안 됩니다." 피정이 시작된 지 하루 만의 일이었습니다. 이튿날 오전 다시 험악한 얼굴로 찾아와서는 "나는 죽어서라도 영감한테 복수를 할 겁니다."라고 말하는 할머니께 내가 물었습니다.

"왜 그러십니까? 그런데 뭘 용서 못하시겠습니까?"

이미 세상을 떠난 지 10년이 지난 할아버지를 용서하지 못하겠다고 나를 세 번씩이나 찾아와 대들듯이 말하는 할머니의 온몸엔 한이 가득했습니다.

"용서 못할 일이야 숱하게 많지요."

할머니는 말문을 열고 털어놓기 시작했습니다.

"열여섯 살에 시집왔는데 남편이 1년 만에 여자를 데리고 들어와 같이 한집에서 살게 됐습니다. 또 1년 뒤에 또 다른 여자가 들어와 세 여자가 함께 살았습니다. 그런데 그 두 여자의 속옷 빨래도 날더러 하라고 하니 정말 죽기보다 싫은 일을 하면서 살았습니다."

부처도 돌아앉는다는 시앗을 본 이야기 정도가 아니라 굴욕적인 삶을 살면서 시커멓게 타들어가 썩어버리고 만 속내를 털어놓는 할머니의 표정은 자주 일그러지곤 했습니다.

"왜 그렇게 사셨습니까? 친정에 가든지 집을 나오시지 그러셨어요?"

"어딜 갈 수 있어야지요. 친정에 가면 그 집 귀신이 돼야 한다고 할 거고, 또 여자가 집을 나가면 남들이 얼마나 욕을 많이 하는 세상인데요."

그랬다. 그런 시절에 살았던 할머니의 가슴속은 응어리로 가득 찼을 것이고 40여 년 결혼생활의 피맺힌 한이 피정 하루 만에 풀리기 시작한 것입니다.

"그래, 할머니는 뭐 잘못한 게 없습니까?"

"뭐 나도 다 잘했다고 할 건 없지요"

나는 할머니에게 치유기도와 축복의 기도를 해드리고 성당에 가서 잠깐이라도 기도하시기를 권했습니다.

이튿날 할머니가 다시 나를 찾았습니다. 그런데 할머니의 얼굴이 너무나 밝고 환해서 놀랐습니다.

"신부님, 미안합니다. 아무 죄도 없는 신부님을 괴롭힌 것 같습니다."

나는 할머니에게 안수기도를 해드렸고 할머니는 돌아갔습니다.

오후에 또다시 나를 찾아온 할머니는 전과 다른 사람이 되어 있었습니다.

"생각해보니 우리 영감도 불쌍한 사람입니다. 그 영감도 얼마나 고생이 많았겠습니까? 여자 하나 데리고 사는 것도 힘든데 셋씩이나 데리고 살았으니……. 자기도 마음고생하다 세상 떠났다고 생각하니 내 맘도 아픕니다."

더 이상 할아버지에 대한 원망이나 미움이 남아 있지 않은 할머니의 마음은 이제 할아버지를 불쌍하게 여기는 연민까지 담고 있었습니다. 마음속의 상처를 씻어내는 치유로 할머니는 열여섯 새색시의 고운 마음으로 돌아간 것 같았습니다.

이 변화는 엄청난 축복이라 여겨집니다. 상대방의 입장에서 그 사람을 이해하고 동정심을 갖게 되고, 거기에 내 잘못도 볼 수 있는 여유를 가지면 내가 바뀔 수 있게 됩니다. 그러면 내 마음 깊은 곳에 기쁨과 평화가 찾아옵니다. 새로운 파스카의 신비를 체험하게 되는 것입니다.

또 다른 70대 할머니의 얘기입니다.

남편을 잃고 40여 년을 청상과부로 살아온 할머니는 자식 셋을 남들처럼 버젓하게 잘 키우기 위해 온갖 고생을 하며 힘들게 살아왔습니다. 과거 우리 어머니들이 그랬듯이 할머니는 오직 생계와 자식을 위해 자신을 온전히 희생했고, 특히 과부로서 갖은 수모와 멸시도 견디면서 살아왔습니다.

할머니가 면담을 마치고 돌아간 며칠 뒤 할머니의 딸이 찾아왔습니다. 할머니가 며칠째 잠만 자고 있다는 것이었습니다.

"아마 하루 스무 시간은 주무시는 것 같습니다. 그러신 지 벌써 사흘째가 됐는데 걱정이 됩니다. 신부님 피정에서 돌아와서 샤워하고 저녁 드시고 잠자리에 든 이후로 지금까지 그렇게 많이 주무실 수가 없습니다."

지난 30여 년간 수면제 없이 하루도 잠들지 못했던 어머니의 깊은 잠이 걱정된 딸은 사흘 동안 약도 먹지 않은 어머니가 편안히 자고 있다는 것이 믿기지 않는다는 것이었습니다.

"자매님, 그냥 그대로 두세요. 일주일이 지나도 계속해서 지금처럼 잔다면 그땐 전화주세요."

나는 하느님께 감사드렸습니다. 며칠 뒤에 딸의 전화를 받았습니다.

"신부님, 어머니가 이젠 정상으로 돌아왔습니다. 하루에 일곱 시간 정도 주무십니다. 얼굴 색깔이나 모습이 전과 아주 달라졌어요. 신부님, 정말 감사합니다."

40년간 할머니의 심령 속에 박힌 육체적, 정신적, 경제적, 사회적, 심리적인 긴장, 삶의 쓰라림과 고단함이 열흘 동안의 깊은 잠 속에서 다 풀리고 치유된 것은 기적이었습니다.

우리가 잠든 사이에도 하느님의 치유의 손길은 우리를 살리고 계신다는 것을 새삼 느꼈습니다. 잠든 아담한테서 생명을 탄생시킨 하느님을 다시 만난 할머니는 그 뒤 축복의 삶을 살았을 것입니다.

04 치유(2) – '예수 믿는 놈'

　　　　　신시내티 대학의 한 유명한 한인 경제학 교수의 부인에게서 전화를 받았습니다. 1983년에서 1984년 무렵 신시내티에 있을 때였습니다.

　암으로 시한부 인생을 살고 있는 남편을 위해 가정 방문을 해달라는 전화였는데, 나는 당장은 갈 수 없다고 했습니다.

　나는 "앞으로 5일 후 토요일 오전에 방문할 수 있을 것 같습니다." 하고 내가 갈 수 있는 날을 말했습니다. 그랬더니 그 부인은 아주 시큰둥하게 전화를 끊었습니다. 사실 나는 그 교수의 병에 대해 들은 적이 있었고, 개신교 신자들이 방문해서 모욕감을 느끼고 돌아갔다는 소문도 들은 적이 있었습니다.

　이튿날 부인한테서 다시 전화가 왔습니다. 좀 더 빨리 와달라는 부탁이었는데 나는 안 된다고 했습니다. 약속한 날 하루 전에 세 번째 전화가 왔지만 공손하고 냉정하게 거절했습니다. 그리고 토요일 오전 10시께 본당의 홍 다미아노 회장님과 김 데레사 봉사자와 함께 그 집을 방문했습니다.

그런데 내가 환자의 건강에 대한 의사의 진단 내용과 현재 환자의 심정을 물으면서 대화를 한 후 기도를 하려고 하자 환자가 '예수의 이름으로 기도하지 말아달라'는 것이었습니다. 그는 개신교 장로님들이 왔을 때도 기도하지 못하게 했노라고 했습니다.

"혹시 예수에 대해 무슨 좋지 못한 일이나 상처받은 일이 있었습니까?"

내가 조심스럽게 물었더니 그는 지난 얘기를 들려주었습니다.

1950년대 말 뉴욕에서의 유학생 시절, 현재의 부인을 만나 결혼하기 위해 화려한 예배당을 찾아 미국 목사님과 상담을 했는데 결혼식 비용으로 200달러를 요구했다는 것입니다. 자기들에게는 50달러도 큰돈이라고 사정을 해보았지만 결국 거절당했습니다(당시 50센트면 간단한 점심식사를 할 수 있는 금액).

두 사람은 결혼식도 올리지 못한 채 법원의 민원 기계 안에 5달러를 넣고 혼인증명서를 받았습니다. 그때부터 '예수 믿는 놈'에 대한 증오가 가슴에서 지워지지 않았다고 했습니다.

"사람보다 돈을 더 좋아하는 목회자들, 그들이 입에 달고 다니는 '예수'란 말은 가증스러움과 위선의 대명사로 들렸습니다."

나는 속으로 기도했습니다.

'이 사람에게 당신의 이름으로 상처를 주신 예수님, 결자해지(結者解之)라 하지 않습니까? 예수님께서 그 상처를 없애주십시오.'

그리고 우리 기독교인들의 잘못을 용서해달라고 소리 내어 기도하면서 이 같은 참사랑을 나누도록 기회를 주신 하느님을 찬미했습니다. 우리는 성서를 읽고 성가를 부르고 그런 다음 '하느님은 우리를 사랑하신다.'는 내용의 성서구절을 10개 정도 주고 돌아왔습니다.

그리고 일주일 후 그 집을 찾았을 때 놀랄 만한 일이 일어났습니다.

그는 성서를 읽었고 그 말씀을 마치 솜이 물을 빨아들이듯이 아주 쉽고 깊게 소화하고 있었습니다. 또 '하느님이 정말로 우리를 사랑하신다.'고 '그 사랑을 내가 느끼고 있다.'고 그가 고백하는 것이 아닙니까?

놀랄 만한 일은 그뿐이 아니었습니다.

"신부님이 지난번 저희 집에 다녀가신 다음날 누군가 대문 앞에 암에 좋다는 자연식품과 편지를 두고 갔습니다. 알고 보니 국제결혼한 가난한 여자였습니다. 그 편지를 읽고 저는 너무나 많이 울었습니다. 저 같은 놈을 이국땅에서 자랑스럽게 여기며 내 병이 빨리 낫기를 간절히 기도한다면서 축복의 말과 함께 건강식품을 몰래 두고 갔다는 사실이 너무 고맙고 그분의 정성과 동족 간의 우정에……."

그는 한참을 말을 잇지 못하고 눈시울을 붉혔습니다. 몰래 사랑을 전하고 간 여인의 편지가 성서와 함께 그의 마음을 크게 울렸던 것입니다.

"신부님, 저는 죄인입니다. 몇 십 년 동안 대학에서 강의를 하면서도 나는 한 번도 학생들이나 제자들을 사랑하는 마음이 없었습니다. 심지어 제 두 아들, 그리고 옆에 있는 아내까지 진정으로 사랑해본 적이 없었습니다."

그는 사랑을 모르고 살았다고 했습니다. 훌륭한 부모 밑에서 사랑을 받지 못하고 자란 탓에 어린 시절부터 지금까지 누구에게도 사랑을 주어본 적이 없다고 했습니다. 그러면서 그는 자기가 사랑을 몰랐기 때문에, 사랑하지 않았기 때문에 세상에서 가장 큰 죄인이라고 했습니다. 그리고 사랑이 얼마나 중요한 것인지 모른 채 마음의 문을 닫고 살았던 자기 인생은 너무나 형식적인 생활이었으며 실패한 인생이었다고 했습니다.

나는 그가 하느님께로 깊이 돌아가고 있고 자신의 참모습을 찾아가는 것을 보고 정말 감사했습니다. 우리는 함께 치유기도와 축복의 기도를 했습니다.

세 번째 방문 후 본당 회장님에게 '4대 교리'를 설명해드리도록 했고 한 달 후에 세례성사를 주었습니다. 곧이어 견진성사, 한 주 후에 병자성사, 그리고 교회가 할 수 있는 모든 성사를 다 해드렸습니다. 그런 가운데 우리는 그가 죽음에 대해 아주 태연하게 초월하는 자세와 평온한 모습을 보았습니다.

3개월 후 그분은 선종했습니다. 그런데 그분의 장례식은 시작부터 끝까지 하나의 축제였습니다. 슬픔의 죽음이 아닌 영광의 부활을 위한 죽음이었습니다. 그가 파스카의 신비, 십자가의 고난을 통해 영원히 사는 부활의 영광을 누리는 상태가 된 것을 우리는 느꼈습니다.

"인생의 마지막이 이렇게도 사람들에게 평화와 희망을 안겨줄 수 있을까?"

이런 장례식은 처음이라고 200여 분의 문상객들이 이구동성으로 입을 모았습니다.

아름다운 공원묘지에서 내가 십자가에서 운명하시는 예수님을 묵상하며 "거룩한 죽음은 가장 강력한 복음 선포."라고 중얼거리고 있는 동안 그분의 시신은 어느새 하관예절을 마치고 땅에 묻히고 있었습니다.

05 치유(3) – "신부님 아기 있어요!"

"신부님, 신부님 아기가 여기 있습니다."

성령묵상회 개회미사를 마치고 문을 나서는데 어떤 30대 부인이 아기를 안고 서서는 나를 향해 큰 소리로 말했습니다.

"아니, 이게 무슨 소리지?" 나는 어리둥절했고 본당의 신부님과 수녀님, 회장님도 깜짝 놀라 어쩔 줄 모르는 표정이었습니다. 그러는 동안 부인은 내 앞에 다가오더니 "한 해 전에 신부님께 면담했었습니다. 한 주 전에 건강한 사내아이를 낳았습니다. 신부님, 정말 감사합니다." 하는 게 아닙니까?

"아! 그렇군요. 하느님 감사합니다."

우리는 같이 기뻐하며 웃었습니다.

1년 전 자매님은 나를 찾아와 이렇게 호소했습니다.

"신부님, 저는 건강한 사내아이를 갖고 싶습니다. 이것은 저와 우리 집안에 아주 중요한 일입니다. 어제 저녁 말씀을 들으면서 신부님과 면담하면 해결될 것이란 믿음을 갖게 됐습니다. 신부님, 제발 저를 좀 도와주세요."

그때 나는 속으로 웃었습니다.

'아이 갖는 일이라면 당신들이 전문가(?) 아닌가요? 독신 생활하는 나에게, 내 자식 하나도 가져보지 못한 내게 요상한 주문을 다 하네.'

거절해야 할 면담 요청이었지만 결코 물러서지 않을 태세에 내가 누그러지면서 일단 사연을 들어보자고 했습니다.

"예, 혼인하고 아이 셋을 낳았는데 첫아이는 뱃속에서 죽었고, 둘째 아이는 핸디캡을 가지고 태어나 한 주 만에 죽었습니다. 셋째아이는 지금 다섯 살인데 돌배기 아이 같은 저능아입니다."

남편이 3대독자이고 시부모님이 정상적인 손자를 간절히 기다리고 계시니 아기는 꼭 낳아야 하는데 이젠 아기 갖는 것조차 겁이 난다는 부인의 얘기는 듣기에도 딱했습니다. 산부인과, 정신과 진료도 받아 보았고 죄짓는 일인 줄 알면서도 사주, 관상, 점, 굿도 해보고 직장을 그만두고 집에서 쉬면서 기도도 많이 했지만 아이를 생산할 수가 없었다고 털어놓았습니다.

힘들었던 과거를 들려주는 자매님의 얘기를 기도하면서 듣고 있던 내 앞에 아주 좋지 못한 느낌의 돌덩이가 나타나 움직이고 있는 것이 보였습니다.

"고맙습니다. 다 말씀하셨나요?"

얘기를 마친 자매님께 물었습니다.

"예."

"내 생각으로는 아닌데요. 정말로 꼭 고해해야 할 내용이 있는데요. 죽음까지 가지고 가야겠다고 생각한 아픔이나 죄스런 것 말입니다. 물론 자매님의 자유로운 선택이지만 고해하는 것이 아이를 갖는 데 도움이 될 것 같습니다. 성당 감실 앞에서 한 시간 기도해보시고 예수님의 말씀을 듣고 집으로 가든지, 내게 오든지 결정하십시오."

그 자매님은 한 시간 후에 나를 다시 찾아왔고, 눈물과 콧물을 주체하지 못할 정도로 울음을 터뜨리면서 사춘기에 저지른 성적인 실수로 인한 상처와 죄를 고해했습니다. 나는 사죄경과 치유기도와 축복의 기도를 해드렸습니다.

기도 후 나는 나도 모르게 자꾸 "주님, 감사합니다. 영광과 찬미 받으소서. 주님만이 홀로 사랑과 존경, 찬양과 흠숭을 받아야 마땅하고 옳은 일입니다." 하고 중얼거리고 있었습니다. 그리고 말했습니다.

"3개월 후에 아기 갖는 일을 시도해보는 것이 좋겠습니다."

"신부님, 또 기쁜 소식이 있습니다. 시부모님과 남편, 올케, 우리 가족 10명이 다음 주일부터 예비자 교리반에 나가기로 했습니다. 모두들 이다지도 좋은 주님을 섬기고 사랑하면서 살겠다면서 하느님을 믿기로 결정했습니다."

이 이야기는 성령께서 내게 주신 지혜와 믿음의 은사, 치유와 분별의 은사를 사용하는 것이 곧 효과적인 복음 선포라는 것을 강하게 체험하게 한 첫 번째 사례였습니다. 한 아기의 탄생을 통해 한 집안에 복음이 전해진 이 귀한 체험은 참으로 보잘것없는 나를 당신의 도구로 써주신 하느님께 영광과 찬미를 끝없이 드려야 한다는 것을 다시 한 번 가르쳐주었습니다.

"성령께서는 각 사람에게 각각 다른 은총의 선물을 주셨는데 그것은 공동이익을 위한 것입니다."(1고린 12, 7)

치유(4) – 거룩한 것이라도 버려야

　　　　　성서백주간의 첫 번째 모임이 끝나갈 무렵, 평소 열심히 신앙생활을 하는 성실한 법조인인 변호사 한 분이 면담을 청해왔습니다. 1996년의 일입니다.

　어릴 때부터 살아온 가정환경과 자신의 삶, 집안의 전통적인 가풍들을 들려주었습니다. 그분은 잘못 살아온 자신의 문제점들을 성찰하면서 회개하는 마음으로 고백했습니다. 면담을 마칠 때 나는 사죄경과 치유기도, 축복의 기도도 해주었습니다.

　며칠 후 나는 그분의 얘기를 듣고 하느님께 참으로 감사를 드렸습니다.

　"그날 신부님과 한 시간 면담을 하고 15분 걸리는 집까지 걸어가는 동안 어떻게 걸어갔는지 모를 정도로 그렇게 기쁘고 발걸음이 가벼울 수가 없었습니다. 정말 그렇게 홀가분할 수가 없었습니다. 인생의 많은 짐을 다 내려놓고 어린 시절의 천진난만한 심정으로 돌아가는 것 같은 큰 기쁨을 맛보았습니다."

신앙생활 20년간 맛보지 못한 기쁨을 느꼈다면서, 가정생활과 신앙생활에서 하느님이 더 가까이 계시는 것 같고 성서를 읽어도 이전보다 훨씬 더 말씀이 가까이 다가왔다고 했습니다. 육체적으로도 소화도 잘 되고 잠도 잘 오는 축복을 면담고해성사를 통해서 느꼈다고 했습니다.

엄격한 양반 가문에서 태어나 가부장제 질서와 체면 속에서 살아온 그가 비로소 오랜 관습과 고정관념에서 치유된 것이 아닐까 싶습니다.

그 후 본당에서 성서백주간을 시작했고 지금까지 네 번에 걸쳐 모임을 주관하면서 점점 더 말씀의 은총 안에서 살아가는 모습을 볼 수 있었습니다. 그리고 말씀을 따라 살아가는 자신의 체험을 평화방송을 통해서 들려주기도 하는 등 기쁘게 신앙생활을 했습니다.

그런데 그는 일을 너무 많이 하는 편이어서 일주일에 두세 번 밤을 새고 사무실에 간다고 했습니다. 내가 자기 건강을 돌보지 않고 무리하는 것은 죄가 된다고 말했더니, 그는 피식 웃었습니다.

"변호사로서 업무에 충실하고 수임자의 입장에서 충분한 준비를 갖추고 사건 공판에 임하는 것은 당연한 일 아닙니까?"

"당신의 몸은 하느님과 조상들이 주신 것인데 무리하게 사용하면 고장이 나게 돼 있습니다. 하느님이 주신 몸을 함부로 쓰면 십계명의 5계명을 크게 위반하는 것이지요."

몇 년이 지난 뒤, 그가 무리한 일로 두세 가지 병이 들어서야 이 말을 뒤늦게 알아들었다고 고백했습니다. 그때 과로해서 얻었던 병도 서서히 회복되고 있다고 했습니다.

아무리 좋은 것이라도, 또 거룩한 것이라 하더라도 자기만족에 빠져서 무리하는 것은 하느님께 기쁨을 드리는 것이 아니고, 영광을 가리는 행위라는 것을 사람들은 잘 모르는 것 같습니다. 우리의 기초적인 생활에서 삶을 재조정해 나가는 것이야말로 지혜로운 삶이며, 지도자의 말을 경청하는 것도 삶을 긍정적으로 살아가는 태도일 것입니다.

치유(5) – 잘못된 순종·겸손

　　　　　　시어머니에게 구타를 당하면서도 15년간을 참고 살아온 한 중년의 자매님이 쌓이고 쌓인 한 맺힌 얘기를 털어놓으며 서럽게 울었습니다. 전통적인 가정교육을 받은 며느리는 시집살이의 모든 고통을 참고 견뎌왔지만 시어머니로부터 머리채를 잡히고 매를 맞아야 하는 자신의 비참한 신세를 토로할 곳조차 없었습니다.

　"신부님, 극단적인 언어폭력을 넘어서서 이제는 때리면서 머리채를 잡고 사정없이 끌고 다니는 지경에까지 왔습니다."

　젊은 날부터 아들 하나만 보고 살아온 시어머니는 모든 일을 자기 뜻대로 해야 직성이 풀리고, 아들 역시 어머니의 뜻을 따르는 것을 당연하게 생각하는 모자관계 때문에 착한 며느리는 삶의 의욕마저 잃은 상태였습니다.

"앞으로 어떻게 살기를 원하십니까?"

"이제는 모든 것이 싫습니다."

육체적으로나 정신적으로나 지칠 대로 지친 자매님은 무기력증에 빠진 듯했습니다. 아픔을 함께 느끼면서 나는 치유를 위한 기도를 해 주었습니다.

"자매님, 더 이상 자기학대를 하면 절대로 안 됩니다. 그건 큰 죄가 됩니다. 왜냐하면 상대방이 죄를 짓도록 방조하는 것이기 때문입니다. 나아가 자식들에게도 씻기 힘든 상처를 주는 것이기 때문입니다. 더 이상 참지 마십시오. 인내라는 미덕을 내세워 현실을 도피하는 것은 비겁한 일입니다. 자매님의 경우 순종은 절대 해선 안 됩니다."

나는 단호히 말했습니다.

"다시 한 번 더 심하게 말하면 자매님도 막말을 하세요. 예를 들면 쌍욕을 하고 구타를 하면 가만히 있지 말고 이를 악물고 대꾸하십시오. 바락바락 악을 써가면서 마구 쏘아대보세요. 그러면 벌렁 넘어지면서 '아이고 나 죽는다.' 하거든 '귀신도 눈이 멀었지.' 하고 약을 올려보세요."

"신부님, 정말 까무러치면 그래서 돌아가시기라도 하면 어떻게 합니까?"

"절대로 죽지 않으니 걱정 마시고 아무 일도 없었던 듯 행동하세요. 그런데 조심해야 합니다. 절대로 놀라거나 동정하지 말고 더구나 잘못했다고 용서를 청하면 일은 아주 빗나가 버리고 예전보다 더 악화될 수 있습니다."

그 자매님은 아마도 내가 말한 것보다 약간 더 심하게 한 것 같았습니다. 분탕이 있은 첫날 아침은 시어머니가 며느리 눈치를 보며 조심스럽게 행동하는 듯했고, 몇 차례 홍역을 치른 후에는 점차 며느리를 대하는 태도가 달라졌다고 했습니다. 물론 남편한테는 시어머니와 함께 오래 평화로운 가정에서 살기 위해 하는 일이라고 미리 얘기를 해놓았다고 합니다.

무조건 순종한다든지, 무조건 참는 것을 미덕이라고 생각하는 사람 중에는 현실을 고쳐 나가고 개선할 용기와 지혜가 없는 경우가 많은 것 같습니다. 두려움 때문에 현실의 어려움을 타개해 나가지 못하면 결국은 자신뿐 아니라 가정의 미래까지도 보장할 수 없는 결과를 초래할 수 있습니다.

한 주에 한 번 정도 4개월 동안 계속해서 면담하면서 그 자매님의 가정은 사랑의 관계, 은혜의 관계로 변화해갔고 자매님 안에서 지속적인 파스카의 신비가 싹트기 시작하는 것을 볼 수 있었습니다.

# 08 방해받는 성체의 영성

1980년대 중반 독일에는 국제결혼한 자매님들이 많았습니다. 저를 아버지처럼 사랑하는 이들 자매님들의 초대로 독일에서 피정을 하던 중 한 수녀님을 만났습니다.

"신부님, 저는 이곳에서 25년간 살았고 이곳에서 10여 년 전에 종신서원을 했습니다. 수도생활에 큰 장애가 있어서 신부님과 면담을 하고 싶습니다."

수녀님의 면담 내용은, 성체 안에 예수님이 현존하지 않는다는 분심과 유혹 때문에 괴롭다는 것이었습니다. 종신서원을 앞두고 한 달 피정을 하던 중에 어지러운 꿈을 꾼 뒤 기분이 매우 좋지 않았던 수녀님은 그날 아침미사에서 성체를 받아 모실 때 '저것은 옛날 예수님이 최후만찬을 재현하는 기념제일 뿐이고, 우리를 사랑하시는 예수님의 사랑을 묵상하라는 것이지, 저 작은 빵 속에 부활하신 예수님이 영혼과 육신으로 현존하는 것이 아니다.'라는 생각이 들었다고 했습니다.

수녀님은 하루, 이틀, 1년, 2년이 지나면서 괴롭고 힘들었지만 그 생각을 지울 수가 없었습니다.

"일시적인 현상일 수 있습니다. 영혼의 어둔 밤인지도 모르고요. 성인들도 이런 유혹을 받은 적이 있습니다. 참고 기다리면서 기도해보세요."

이 같은 권고와 지도를 수없이 받았고, 영적지도는 물론, 동료 자매들과 의논도 했지만 문제는 해결되지 않았습니다. 그때부터 수녀님의 수도생활이 위협받기 시작했습니다. 정결과 청빈, 순명의 복음삼덕의 수도생활이 점차 어렵게 느껴지고 수녀님의 영성이 메말라가면서 근 10년을 무의미하게 수도생활을 했다는 것입니다.

"수녀님의 영성의 목을 꽉 쥐고 있는 그 무엇이 생각납니다. 한 발자국도 앞으로 나아가지 못하도록 영성의 핵심을 방해하고 혼란에 빠뜨리는 것이 느껴집니다. 그것이 수녀님의 마음입니까? 아니면 성령이나 예수님입니까? 과거의 아픈 상처나 죄의식이겠습니까?"

"신부님, 그것이 무엇이라고 생각합니까? 진저리가 납니다. 더 이상 수도생활이 가능하지도 않고, 심지어는 자살했으면 하는 유혹까지 받습니다. 신부님, 도와주세요."

"수녀님, 문제는 아주 간단합니다. 악령의 교묘한 작용인 것 같습니다. 사탄이 이런 유혹을 통해서 한 수도자의 영적 생명을 죽이려 한다는 것을 인정하시면 그 다음 문제는 간단합니다."

"아, 그런가요. 사탄이라고요……. 신부님의 말씀을 인정하겠습니다. 어서 해결해주세요."

그 뒤 5분 동안 구마기도를 하고 심령기도, 축복의 은총을 빌어드리면서 감사와 찬미의 기도로 수녀님과의 만남은 끝났습니다.

일주일 후에 전화가 왔습니다. 수녀님은 그 옛날 서원을 하고 예수님과 첫사랑을 하던 때로 돌아갔으며, 성체를 영할 때마다 감미로움을 느끼고 있고, 성체 조배시간이 얼마나 소중한지 모르겠다며 밝은 목소리로 말했습니다. 성체에 대한 사랑을 현실적이고도 구체적으로 보고 느끼고 맛볼 수 있도록 배려하신 예수님의 자상한 사랑에 감격하면서 살고 있다고 들려주었습니다.

"정신을 바짝 차리고 깨어 있으십시오. 여러분의 원수인 악마가 으르렁대는 사자처럼 먹이를 찾아 돌아다닙니다."(1베드 5,8)

넷째 딸의 분노

"신부님, 저는 제 마음속에 딸을 사랑하는 마음이 없는 것을 뒤늦게 발견하고 많이 놀랐습니다. 그래서 딸의 장점보다는 단점을 먼저 보고 사랑의 매가 아니라 분노의 마음으로 딸을 때린 적이 많았습니다. 신부님, 제게는 아주 심각한 문제입니다. 요사이는 삶의 의욕도 없고 우울증 증세까지 나타나는 것 같습니다. 도와주십시오."

"자매님의 형제들은 몇 분이며 몇 째입니까?"

"딸, 딸, 딸! 그리고 딸이니까 제가 바로 넷째입니다."

평소 활달한 자매님은 큰 소리로 말했습니다.

나는 놀랐습니다. 약간 악을 써가면서 자기가 넷째라고 말하는 억양이나 태도, 특히 그 눈빛이 아주 인상적이었습니다.

"딸로 태어났기 때문에 혹시 상처를 받거나 성장 과정에서 부모나 할머니에게 사랑받지 못한 것은 없었나요?"

"그런 적이 없고 아버지께서는 저를 특별히 사랑해준 것 같았습니다."

"그러면 다섯 번째 낳은 아들에게 부모님이나 다른 분들의 관심이 쏠리는 것을 본 적이 있습니까? 또 남동생하고 관계는 어떠한지요?"

"아주 기분 나쁜 정도가 아니라 분노를 일으킬 정도로, 동생이 원하면 90퍼센트는 다 해주는 것을 보고 화를 낸 적이 많았습니다. 부모님이 안 계실 때는 얄미운 남동생을 때리고 못살게 굴었던 기억도 있고 지금도 생리적으로 싫은 감정이 많습니다."

"자매님, 자매님의 출생은 부모를 비롯한 가족의 희망을 저버린 사건이었고 환영받는 삶의 시작이 아니었습니다. 남아선호사상 때문에 자매님의 뜻과는 상관없이 가족들에게 아픔과 실망을 주는 존재로 삶이 시작됐습니다. 그러다 자매님 다음에 태어난 아들에게로 관심과 사랑이 자연스럽게 집중되었으니, 자매님도 스스로 살아남기 위해서 온갖 악을 써가며 홀로서기를 한 것입니다. 딸로 사는 인생 자체가 얼마나 슬픈 것인지를 알면서 여자로서 고단한 삶을 겪어왔으니, 자매님의 딸에 대한 생각이 처음부터 부정적으로 기울어졌던 것입니다. 사업을 활발하게 하다가도 심각한 침체에 빠지고 거기에서 쉽게 빠져나오지 못한 큰 이유가 부모의 사랑이 부족했기 때문입니다. 그간 남모르게 고달픈 삶을 용케도 극복하고 잘 살아왔습니다."

이 말을 듣는 자매님의 얼굴은 상기되어 있었고 어느새 눈에서 눈물이 흘러내리고 있었습니다.

"사랑이신 하느님, 사랑이 결핍된 이 영혼을 당신 사랑으로 포근히 감싸주십시오. 세상에 태어나면서부터 받은 사랑의 상처가 가득합니다. 딸이라는 이유 때문에 살뜰한 보살핌을 받지 못하고 마음으로부터 깊은 상처를 받았던 응어리를 다 풀어주시고 깨끗하게 하여 주십시오."

이어서 치유를 위한 심령기도를 4분 정도 했습니다.

"다시 한 번 이 자매님이 축복받은 인생이라는 것을, 자기 자신이 얼마나 소중하고 고귀한 존재라는 것을, 하느님의 큰 사랑으로 창조되었다는 것을 깊이 깨우치고 확신을 갖고 살아가도록 거룩한 성령으로 축복해주십시오. 상처와 응어리진 그곳에 기쁨과 평화를 심어주시고 사랑을 부어주시어 생동하는 삶을 살게 해주시옵소서. 예수님, 십자가에서 보여주신 사랑의 성혈로 이 자매님을 깨끗하게 해주시고 은혜롭게 해주실 것을 믿습니다. 당신은 세세 영원히 생활하시고 다스리시나이다."

한 달 후에 만난 자매님은 평온한 가운데 기쁘게 살면서 행동과 말도 나이에 맞게 차분하면서도 생기가 돌고 있었습니다.

"지난날의 생활 방식에 젖어 사람을 속이는 욕망으로 멸망해가는 옛 인간을 벗어버리고, 여러분의 영과 마음이 새로워져, 진리의 의로움과 거룩함 속에서 하느님의 모습에 따라 창조된 새 인간을 입어야 한다는 것입니다."(에페 4, 22-24)

10 성(性)은 사랑의 끈

"자위행위가 죄인가요?"

"저는 죄의식이 없는데요."

"스트레스 해소나 숙면을 위해서 가끔 그러나 습관적으로 하고 있습니다. 영성체도 했는데요. 그래도 영성체는 안 했으면 내 심령이 더 편안할 것 같습니다."

"초기에는 이것이 죄라는 생각 때문에 고해성사도 보았지만 고해소에서도 해답을 듣지 못했고, 지금은 내 의지로 억제하기가 불가능한 상태입니다."

특히 청년들, 과부와 홀아비, 신학생, 수도자들한테서 가끔씩 듣는 면담 내용입니다. 자위행위는 남들에게 드러내놓고 의논하기 힘든 문제 중의 하나입니다.

아마도 잘못된 심리학설이나 정신과 의사들의 소견 때문에 위와 같은 현상이 일어나고 있지 않나 싶습니다. 소변이 자연적인 현상인 것처럼 자위행위도 일종의 배설행위에 불과하고, 자위행위를 하는 것이 심리적으로 열등감과 스트레스 해소에 효과가 있다는 이론 때문에 많은 사람들이 무신경하게 된 것 같습니다.

그러나 이것이 습관이 되었을 때 드러나는 해독은 소리 없이 한 영혼이 죽어간다는 것입니다. 차츰 의지력이 약화되면서 결심을 하고도 실천하기가 힘들어지게 되고, 게으르게 되면서 만사에 시기를 놓쳐버리고, 영혼에 생기와 신성한 기운이 없어지면서 나중에는 영적으로 활력을 잃게 됩니다.

더욱이 여기에 사탄이 개입하게 되면 위의 현상들이 심화되고 거기에서 벗어나기가 힘들어집니다. 심지어 한 인간을 파멸로 이끌면서 동물적인 본능으로 인간의 품위를 심각하게 훼손하게 됩니다. 그리고 마침내 더럽고 비참한 종말로 이끌고 마는 무서운 마약과 같은 병입니다.

하지만 현대인은 이 문제에 너무 무감각한 것 같습니다. 죄의식이 마비되어 있으며 그 무서운 결과를 외면하면서 살고 있습니다. 자위행위는 면담하면서 많이 부딪치는 문제 중의 하나인데, 나는 이 같은 내용의 면담을 하는 데 특은을 받은 것 같습니다.

무엇보다 내담자가 아주 쉽게 얘기를 하고 나는 태연하게 듣고, 또 스스럼없이 깊고 자세히 물어보는데 내담자도 별 어려움을 느끼지 못하는 것 같습니다. 말하기 힘든 것, 수치스럽거나 부끄럽게 생각하지 않고 실타래를 풀 듯 술술 이야기를 아주 자연스럽게 합니다.

특히 이 같은 내용의 면담을 할 때는 '나이가 일흔이 넘어 여든이 다 된 것도 하나의 은총이구나.' 하고 생각합니다. 나 자신의 성문제로 인한 경험과 내담자들의 솔직한 자기표현, 그리고 기도와 성령이 주신 은사가 종합적으로 역사함으로써 많은 경우 내담자의 성적 문제를 복음적인 능력으로 변화시킬 수 있다는 것을 체험했습니다.

성문제의 면담을 통해 성의 진정한 의미와 성생활의 참뜻을 깨닫게 함으로써 하느님과 사람들에게 영광과 유익을 줄 수 있게 된 것을 참으로 감사하게 생각합니다.

정도(正道)로 살아갑시다. 육체의 소중함을 깊이 깨달으십시오. 절제할 줄 알고 성은 '사랑의 끈'임을 자각합시다.

"여러분의 몸은 여러분이 하느님께로부터 받은 성령이 계시는 성전이라는 것을 모르십니까? 여러분의 몸은 여러분 자신의 것이 아닙니다. ……그러므로 여러분은 자기 몸으로 하느님의 영광을 드러내십시오."(1고린 6, 19-20)

11 말 한 마디

　　　　　셋째 딸로 태어난 한 자매님의 이야기입니다. 큰언니는 괜찮은 딸이고, 둘째언니는 키가 크고 인물도 잘 생기고 공부도 잘했고 어머니를 닮아서 어머니가 누구보다 사랑하는 딸이었다고 합니다.

　그런데 어느 날 사건이 생겼습니다. 둘째언니가 그만 연탄가스사고로 죽었습니다. 언니가 사고를 당했던 방은 원래 그 자매님이 자기로 했던 방이었는데 어쩌다 언니가 자게 됐던 것입니다.

　"쓸 만한 것은 가고 몹쓸 것들만 남았다."

　사랑하던 둘째 딸의 죽음이 너무나도 가슴 아픈 나머지 어머니가 울면서 무심결에 던진 말이었습니다. 옆에서 이 말을 들은 셋째 딸은 평생 지울 수 없는 상처를 받고 말았습니다.

나는 쓸모없는 존재이며 어머니가 사랑하지 않는 딸이구나, 나를 어머니가 정말로 낳았을까? 라는 의문이 머릿속을 떠나지 않았습니다. 그 자매님은 자신은 어머니의 사랑을 받지 못한다고 생각했습니다. 자연히 사소한 일로도 어머니와 의견대립이 잦아졌고 거리감이 생기면서 어머니를 미워하는 감정이 마음속에 자리잡아갔습니다.

자매님은 아버지를 더 따르게 됐고 아버지에게로 지나치게 기울었습니다. 그와 반대로 어머니하고는 감정이 나빠진 상태에서 성장하게 되었습니다.

"네 언니 절반만이라도 공부를 하면 오죽이나 좋겠냐?"

언제나 죽은 언니와 비교하는 어머니의 말은 정말 듣기 싫었다고 합니다.

"나도 학교에서 5등 안에 들어가는 학생인데도 어머니는 언니처럼 1, 2등만을 강요했고, 언니와 비교하면서부터 내가 가진 다른 장점이나 특기는 아예 보려고 하지 않았습니다."

그 자매님은 나름대로 최선을 다했지만 서울의 일류대학에 진학하는 데 실패하고 말았습니다. 1년 재수 후에도 또다시 실패하자 심한 열등감에 사로잡혀 자아계발의 의지마저 상실한 채 불행한 삶을 살아갔습니다.

그래서 누군가가 자기를 무시하는 듯한 언행을 하거나, 자신을 타인과 비교해서 말할 때는 자신도 모르게 저돌적으로 공격하는 습성이 생겼습니다.

어머니의 부정적인 말 한마디, 학력만으로 인간 전체를 평가하는 사회적 잣대, 딸이나 여자로 태어났다는 운명론적인 고정관념, 이런 것들이 한 사람의 인격 형성에 얼마나 큰 해독을 끼치는지, 나는 지금까지의 면담 과정에서 이러한 사례들을 수없이 보아왔습니다. 실제로 우리 주변에서나 매스컴을 통해서도 이런 사례들은 개인적으로 사회적으로 참으로 심각하고 다양한 나쁜 결과로 나타나고 있음을 우리는 자주 목격하고 있습니다.

열등감과 자기비하, 자기부정에서 벗어나 자기 자신의 고귀함을 깨닫게 해주는 것은 참으로 중요한 일입니다. 그것은 잃어버린 자신을 되찾는 일이며, 하느님께서 주신 생명을 회복하는 일이기 때문입니다. 면담을 통해 인간의 참가치를 회복하고 인간답게 살 수 있는 힘을 얻어 절망에서 희망에로의 삶을 살아가는 모습을 보는 것, 이런 것들이 사제인 내게는 얼마나 큰 기쁨인지 모릅니다. 사제생활을 하면서 얻는 보람이며 내가 살아가는 의미라고 생각하고 있습니다.

# 살인 충동과 사탄의 유혹

　　　　　　　무려 열 시간에 걸쳐서 면담고해를 주고 나니 어느새 밤 12시가 되었습니다. 자리에서 막 일어서려는데 중년부인이 면담을 해야 한다고 막무가내로 딱 버티고(?) 앉았습니다. 많은 일들이 계획되어 있어서 새벽 6시에는 일어나야 하는 내 사정은 아랑곳하지 않는 태도였습니다.

"신부님, 몇 년 동안을 기다려왔고 오늘 저녁에도 세 시간이나 기다렸는데 오늘은 꼭 면담해야겠습니다. 제발 저를 보아주세요."

도대체 물러갈 기미가 보이지 않기에 "자매님, 옆방의 피정자들도 이미 잠이 들었고 나도 시간이 없으니 용건만 조용히 말씀하세요."

'요즘 심리 상태 같으면 차라리 자살이라도 했으면 좋겠다.'는 그 부인은 살인의 충동과 강박증에 사로잡혀 있다는 놀라운 얘기를 꺼내

놓기 시작했습니다.

"저에게는 다섯 명의 자녀가 있는데 방이나 응접실에서 즐겁게 뛰어놀고 있는 아이들의 모습을 보면 갑자기 망치로 머리를 때려죽이고 싶은 생각이 납니다. 또 잠을 자다가도 옆에 누워 있는 남편의 흰 등을 보는 순간 자신도 모르게 칼로 찔러 죽이고 싶은 충동을 느낍니다. 내가 왜 이렇게 해야 하느냐는 심한 죄책감에 빠질 때도 있지만 이런 섬뜩하고 끔찍한 감정이 전에는 한 달에 한 번, 요즘에는 일주일에 한 번, 최근에는 하루에 한 번씩 일어납니다."

30분이 넘는 설명을 들으면서, 나는 '주님, 이 자매님의 문제가 해결되어야 이 자리에서 물러갈 것 같고 나도 쉬어야 하는데 저에게 지혜와 분별력을 주시옵소서.' 하고 기도했습니다.

이렇게 기도하는 중에 문득 '살인'이란 단어가 선명하게 떠올랐습니다. 그래서 "자매님, 혹시 살인한 적이 있습니까?" 하고 물었습니다.

"예엣? 저한테는 살인을 할 만한 용기가 손톱만큼도 없습니다."

"그러면 유산을 시킨 적은 있습니까?"

"예. 지금 키우고 있는 아이들보다 두 배나 더 많이 유산을 시켰습니다. 지금 생각해보면 유산을 잘한 것 같습니다. 아비가 서로 다른 자식들, 피부 색깔이 제각각인 애들이 한 집에서 한 형제로 성장한다고 가정하면 참으로 끔찍하기만 합니다."

그 부인의 사정은 그럴지 몰라도 나는 유산에 대한 교회의 입장을 확실하게 강조했습니다.

"그것은 일종의 살인 행위로, 친모살인이며 큰 죄에 속합니다. 얼마 전에 전 세계에 천명한 교황님의 말씀이기도 합니다. 분명한 살인이고 큰 죄를 지었습니다."

그리고 약간의 설명을 덧붙였습니다.

"수태부터가 하나의 인간 생명체이고 낙태당할 때 그 어린 생명이 죽어가면서 겪는 고통, 자기 어머니로부터 죽임을 당하는 슬픔을 생각해보아야 합니다. 그 아기들이 얼마나 비참하게 죽어갔겠습니까?"

그분은 갑자기 얼굴이 붉어지면서 계속해서 눈물을 흘렸습니다. 그리고 잠시 후엔 대성통곡을 했습니다.

'무엇이 이 분에게 낙태를 부추기고 죄가 아니라고 합리화하게 했습니까? 지난날 낙태를 했던 죄와 그 아픔 때문에 자기도 모르게 살인하려는 충동을 불러일으키는 정체는 무엇이며, 스스로를 자살로 유인하고 있는 그 정체는 또 무엇인지, 성령께서는 저에게 알려주시고 해결할 능력을 주십시오.'

이렇게 기도하던 내 머릿속에 갑자기 '사탄'이라는 단어가 강하게 떠올랐습니다. 그래서 마음속으로 구마기도를 했습니다.

'하느님이 창조하신 아름다운 이 여인에게 과거의 상처와 죄의식을 부추겨서 살인 의지를 심어주고 살인하도록 충동하는 더러운 악령아! 나자렛 예수의 이름으로 명한다. 물러가라.'

부인을 똑바로 바라보면서 속으로 기도했습니다. 그 부인은 몰랐지만 사탄은 당장 반응했습니다.

"안 된다 안 돼! 절대로 물러갈 수 없다."

그 부인은 험악한 얼굴로 심한 몸짓까지 하면서 눈을 부릅뜨고 볼 근육을 씰룩거리며 갑자기 험악한 표정으로 돌변했습니다.

나는 이번에는 큰 소리로 아주 강하게 구마기도를 했습니다.

"내가 이제 네 정체를 알겠다. 다시 한 번 명령한다. 나자렛 예수의 이름으로 명하노니 당장 이 여인에게서 물러가라!"

그 순간 부인은 걸상에서 바닥으로 떨어졌고 거품을 내면서 몇 분 동안 바닥에서 심하게 요동을 쳤습니다. 나는 이어서 사죄경을 해주고 사탄이 자리했던 곳에 주님의 사랑이 자리 잡도록 축복의 기도를 하고 나서 시간이 늦었으니 이제 그만 가서 편히 주무시라고 했습니다.

"신부님이 구마기도를 했을 때 내 몸에서 강한 기운이 빠져 나가는 것이 느껴졌습니다. 그래서 그런지 왠지 혼자 자기가 무섭습니다. 신부님 앞에 있는 십자가를 주시면 안고 자고 싶습니다."

그 다음날 식당에서 만난 부인의 얼굴은 몰라볼 정도로 환하게 변해 있었습니다. 부인은 감사미사를 드리고 성령의 축복과 안수를 받고 기쁜 마음으로 자신이 살고 있는 미시시피 중부지방의 작은 마을로 돌아갔습니다. 일주일 후에 그 부인에게서 전화가 왔습니다.

"신부님, 감사합니다. 지금은 평화롭게 잘 살고 있습니다. 더 기쁜 것은 척추의 디스크 때문에 수술을 받아야 했었는데, 의사의 진단소견은 이미 치유가 되었기 때문에 더 이상 수술할 필요가 없다는 것이었습니다. 감사하고 또 감사합니다."

"자매님, 주님께 감사하시고 그 주님의 사랑을 마음 깊이 간직하시고 이제는 열매 맺는 데 힘써야 합니다. 저보다 주님께 감사하면서 기쁘게 사십시오."

기뻐하십시오. 웃음의 치유

"형제님, 어디에 갔다 왔습니까? 우리가 한참 동안 찾았는데요."

"신부님, 죄송합니다. 피정 집 뒤 숲속에서 한 시간 동안 오랜만에 실컷 웃다가 왔습니다. 오전에 성령안수 할 때 엄숙한 시간이라서 웃음이 터져 나오는 것을 억지로 참고 있다가 점심도 먹지 않고 나가서 한 시간 마음놓고 웃다가 울다가 방에 돌아와서 휴식을 취했습니다. 십 년 묵은 체증이 싹 가시는 듯, 이제는 가슴이 후련합니다."

1980년대 중반에 데이톤(오하이오)의 '버가모' 피정 센터에서 피정을 하고 있던, 내 그룹에서 일어난 일이었습니다.

피정을 마칠 무렵에 그분이 말했습니다.

"신부님, 정말로 감사합니다. 이제 저는 아주 즐거운 마음으로 귀가

하려고 합니다. 그동안 집안 식구들이 제발 좀 웃으면서 살자고 여러 차례 당부했습니다만 저는 이 이국땅에서 웃을 수 있는 일이 없었습니다. 고단한 이민생활로 한국에서는 생각지도 않던 막노동을 해야 하고, 언어도 안 통하는 데다 문화적인 갈등 때문에 우울한 생활이 계속됐습니다. 끙끙거리며 살고 있는 내게 식구들은 집에 들어올 때는 제발 웃으면서 들어와 웃으면서 음식을 먹자고 호소하기도 했습니다. 이제 식구들의 소원을 들어줄 수 있게 됐습니다. 지금은 아주 사소한 이야기나 말만 들어도 저절로 웃음이 터져 나옵니다."

1989년 남미에서 가장 큰 상파울로의 피정 집에서 280여 명이 4박 5일 피정을 마치기 전, 성령이 충만한 기도회 시간에 일어난 치유 사건입니다.

기도회 도중에 갑자기 두세 분이 웃기 시작했습니다. 그 웃음이 마치 전염병처럼 퍼져 나가 삽시간에 모든 사람들이 맥을 놓고 마음껏 웃었습니다. 그런데 일제 강점기 일본의 유명 대학을 나왔다는 유식하고 점잖은 80대의 할머니가 웃지 않으려고 안간힘을 쓰는 모습 때문에 많은 분들이 더 크게 웃고 말았습니다.

약 15분 동안 웃음이 봇물처럼 터져 나왔습니다. 나중에 안 사실이지만 웃는 시간에 여러 가지 치유가 일어났습니다. 특히 소화기 계통의 질병이나 피부병, 우울증 등이 치유되었는데 확인된 것만 무려 30여 명이 넘었습니다.

서울 동성학교의 1일 피정시간에 치유기도를 해달라고 내게 부탁해왔습니다. 기쁨이 그 무엇보다도 강력한 치유라는 것과, 웃는 것이 울면서 통곡하는 중에 일어나는 치유보다 더 적극적인 치유라는 것을 성서말씀을 인용해서 설명해주었습니다. 그런 뒤 30여 분 동안 실컷 웃도록 했습니다.

그런 웃음이 터져 나오게 된 데는 오래전부터 기쁨의 열매를 누리고 계셨던 박용일 신부님의 도움이 컸습니다. 그날 성령의 힘으로 우리가 느꼈던 찬미와 기쁨, 웃음과 환호와 박수들은 내적·외적으로 많은 치유를 일으켰습니다. "왕 신부님이 한국에 '깔깔 성령'을 소개해주어서 많은 치유가 일어났다."고 〈가톨릭신문〉이 보도할 정도였습니다. 웃음과 기쁨의 치유를 '깔깔 성령'이라고 해도 괜찮을까요?

1984년 노트르담 초교파 성령 연차대회의 둘째 날 치유시간에 일어났던 기쁨의 축제 이야기입니다. 개신교 목사님이 인도하는 치유시간인데, 기쁨의 물결이 흐르면서 모두가 웃기 시작했고 3만여 군중이 크고 기쁘게 웃는 강력한 에너지는 정말 대단했습니다.

18년 동안 앉은뱅이로 살던 환자가 일어나려고 했습니다. 3만여 군중이 기뻐하는 커다란 기운에 영향을 받아서……. 마침내 걷기 시작하더니 어느새 가슴을 펴고 걸어가는 모습이 화면에 비치면서 실내는 금세 웃음과 기쁨의 천국으로 변했습니다. 모든 군중들이 하나가 되어서 크게 웃고 너무 기뻐서 울고 박수 치고 찬미의 영가를 부르는 가운데 그 환자는 걸어가면서 두 손을 흔들어 화답했습니다.

"항상 기뻐하십시오. ……이것이 하느님의 뜻입니다."(1데살 5, 16-18)
이 말씀이 문득 떠올랐습니다.

1980년대 초 중부지역의 조그만 한인 공동체에서 있었던 4박 5일 피정에서는, 안수 후에 난처한 사건이 있었습니다.

안수가 끝나고 모두가 기뻐하는 평화로운 시간이었습니다. 그런데 피정을 주선하고 주최했던 성모회 회장님이 아무 체험이 없었던 모양입니다. 소외감과 하느님한테 버림을 받았다는 실망감 때문에, 그만 접마현상을 일으키고 말았습니다. 사탄이 작용하는 현상이 일어났고 젊은 신부님이 구마를 위해 한참 동안 애썼습니다. 나도 난감한 마음이 들어 그분이 성령 체험을 못할 경우 이후 이곳 공동체에 미칠 영향이 걱정됐습니다.

그래서 잠들기 전에 성모님께 기도했습니다. 다음날 아침 일어나서 화장실에서 양치질을 하다가 거울에 비친, 평소와는 전혀 다른 헝클어진 내 모습을 보다가 나도 모르게 싱긋이 웃었습니다. 그 웃는 모습을 보다가 소리 내어 웃게 되었고 웃다가 보니 나중에는 바닥에 앉아 땅을 치면서 5분 정도 실컷 웃게 되었습니다. 잠시 후 웃음이 서서히 가라앉으면서 머릿속에 창조적인 영감이 떠올랐습니다.

바로 어제 사탄을 흉내 내던 성모회 회장님의 모습을 생각하니 또 웃음이 터져 나왔습니다. '아무것도 아니다. 더구나 사탄의 장난은 아니다. 그저 서운하고 인정받지 못한 마음 때문이었을 것이다.' 이런 지혜로운 생각과 함께 성령께서는 해결할 방법도 주셨습니다.

결국 그 회장님의 어려운 문제가 쉽게 해결됐고 기쁘게 피정을 마무리했습니다. 크리스천의 기쁨은 크리스천의 힘이고 지혜입니다.

1986년 부산 예수성심 수녀원 수련·지원·청원자 피정 중에, 안수를 마치자마자 천사와 같은 수녀님들이 한 시간 동안을 성당 바닥에서 마음껏 웃었던 일이 생각납니다. 그 웃음의 선물이 있었기에 지금도 성체 앞에서 더 큰 사랑으로 예수님과 대화하며, 형제적인 사랑을 나누며 살고 있으리라 생각합니다. 그날 그 은혜롭던 밤을 수녀님들도 나처럼 평생 잊지 않고 살았으면 좋겠습니다.

Stage **4**

하느님의 위대한 목소리, 소명

사제는 희망의 사람

　　　　　　나는 어린 나이에 성소의 소망을 품었습니다. 중·고등학교와 신학교 생활 내내 사제의 꿈을 키우며 신앙의 기쁨 속에 지냈습니다.

　그런 내게 '심각한 사건'(?)이 생겼습니다. 사제가 된 지 불과 2년 만의 일이었습니다.

　하느님에 대한 사랑, 젊음의 열정, 그리고 사명감에 불탔던 새 사제 시절, 사제의 삶에 대한 지식과 조언, 지혜와 경륜을 듣고 배우고 싶어서 나는 선배 사제들, 특히 연로하신 사제들과 은퇴하신 사제들을 찾아뵈었습니다. 그러나 내 기대는 어긋났습니다. 내가 만난 대부분의 노사제들이 자신의 사제생활을 영웅담처럼 얘기하려 했고, 후배 사제들의 잘못만을 지적하고 비판했습니다. 또 교구에 대한 자신들의 공헌에 비해 소홀한 대접을 받고 있으며, 사제들과 교우들에 대해 무척 섭섭해하고 불만이 많았습니다.

나는 그분들을 만난 뒤, 벽에 부딪친 느낌이었습니다. 사제생활에 대한 비전이 없다는 부정적인 생각에 빠져들었습니다. 3, 40년을 사제로 살아온 분들이 왜 여느 동네 할아버지와 다를 바 없는 말씀들을 하고, 그들과 비슷한 여생을 보내고 있는 것일까. 계시종교(啓示宗教) 안에서 말씀 속에 살았고 말씀을 전했던 사제들, 또 거룩한 성사(聖事)를 집행하고 성사를 주례했던 주체들의 모습이 왜 저럴까, 선배 사제들에 대한 실망은 사제직에 대한 회의로 발전해갔습니다. 그것은 패기에 넘친 젊은 사제였던 내게 엄청난 충격이었습니다.

나보다 훌륭한 선배 사제들이 이러할진대, 십중팔구 나도 그렇게 되지 않을까, 나도 훗날 저런 모습이 되지 않을까 하는 생각에 서글퍼졌습니다. 그렇다면 사제로서의 내 삶은 어떤 의미가 있는가. 공의회 문헌도 읽어보고 다른 신부님들과 의논도 해보았지만 시원한 답을 얻을 수 없었습니다. 고민이 깊어지고 희망이 없어졌습니다. 그렇게 거의 10년간 나의 사제생활은 이상과 현실 사이의 갈등 속에서 중심을 잡지 못하고 마치 바람 빠진 공이 되어 굴러가는 듯했습니다. 당연히 세상과 자신 안의 엄청난 유혹에 흔들렸고, 그것을 이겨낼 용기와 지혜도 없었습니다. 의례적이고 기계적인 사목 활동을 반복하면서 로만 칼라 뒤에 숨어 지내는 내가 너무 싫었습니다.

내 안에서 내가 무너지는 소리가 점점 크게 들릴 즈음인 1970년대 초, 나는 자의 반 타의 반으로 한국 땅을 떠났습니다. 낯선 독일을 거쳐 미국 워싱턴 D.C.까지 가서 교회를 세우고 사목 활동을 하였지만 정신적인 방황은 계속됐고, 사제로서의 내 삶은 잔인한 형벌처럼 느껴졌습니다. 첫 미사를 봉헌하던 때의 감격과 떨림은 이미 잊혔고 하느님 생각에 잠 못 들고 눈물 흘리던 열정과 설렘도 없었습니다. 그러면서도 성직을 수행해야 하는 나 자신을 보는 것 자체가 차라리 지옥이었습니다. 내가 나를 이렇게 기만할 수 있을까 하는 생각에 스스로 위축되어갔습니다.

그러나 놀라우신 하느님께서는 그런 나를 내버려두지 않으셨습니다. 하느님께서는 한 수녀님을 내게 보내주셨고 수녀님은 고민에 빠진 사제가 안타까웠던지 성령피정을 신청해놓고 다녀올 것을 권했습니다. 1977년 필라델피아에서 있었던 5박 6일의 성직자 성령피정이었습니다.

그곳에서 나는 성령을 다시 만났습니다. 성령께서는 나를 회개로 인도해주셨고, 나를 일으켜 세워주셨습니다. 내 생활이 재정립되었고 내가 무엇을 해야 하는지를 알게 해주셨습니다. 특히 내 안에 성령을 모시고 난 후 나는 그리스도의 사제직에 대해 올바르게 깨닫기 시작했습니다.

젊은 날 내가 본 사제의 모습은 원래 교회가 바라는 사제의 모습이 아니라는 것을 알았습니다. 사제는 스스로 영원한 비전 속에 살면서 사람들에게 희망을 주는 사람이며, 세상의 희망이 아닌 하늘나라의 희망을 전달해주는 하느님의 도구로서의 삶을 살아야 한다는 것을, 그리고 그것을 하게 하시는 분은 내가 아니라 내 안에 계시는 성령이시며,

사제직은 성령의 도우심을 받아야 하는 것임을 알게 된 것입니다.

그때 내 안에 오신 성령께서는 봄날의 새순 같은 새 생명을 내게 주셨습니다. 나는 잃었던 기도생활을 되찾았고 주님의 말씀에 깊이 맛들이기 시작했습니다. 방향을 잃고 바다 위를 표류하던 내 사제생활은 마침내 편안한 항구를 만나 새로운 항해를 준비할 수 있었습니다. 그때부터 매 순간 주님을 바라보면서 기쁘고 보람차게 살아갔습니다. 성령과 가까이, 성령과 일치하면서, 성령의 도움으로 기쁘고 마음 편하고 생기 있게 모든 사목 활동을 열심히 할 수 있었습니다.

나는 알았습니다. 아시시 성인의 태양의 노래 가운데 죽음을 초월한 은총이 무엇인지를……. 영원한 희망을 향하여 오늘의 작고 큰 고통은 아무것도 아니라고 믿으며…….

"사제의 맘은 예수 맘, 우리를 애써 돌보시며 어디서나 길 잃은 양 주님께 인도해주시네. 오 착한 목자 예수여, 네 사제를 축복하사 거룩하게 하옵시고 네 사제되게 하소서. 거룩하게 하옵시고 네 사제되게 하소서."(성가 〈사제의 마음〉 중에서)

 ## 사제는 봉사자

　　영화로 만들어져 많은 사람들의 눈물을 흘리게 했던 소설 《우리들의 행복했던 시간》에 이런 대목이 있습니다. 교도소에서 죄수들의 발을 씻겨주면서 신부가 한 말입니다.

　"물고기가 사람이 되는 것은 기적이 아니라 마술이지. 사람이 변화하는 것이 진짜 기적이지."

　참 감동적인 장면이었습니다.

　부활을 한 주 앞둔 성주간의 성삼일(聖三日)은 교회전례 가운데 가장 중요한 핵심입니다. 꽃 중의 꽃인 이 성삼일 중 성목요일은 주님만찬 저녁미사와 함께 예수님이 제자들의 발을 씻겨주는 발씻김 예식을 가집니다. 사제가 신자들의 발을 씻어주면서 예수님의 섬기는 모습을 재현하고 스스로 봉사자임을 신자들 앞에 드러내 보이는 참 아름다운 복음입니다.

　그날은 한국에 돌아온 내가 첫 부활대축일을 앞둔 날이었습니다. 성목요일 저녁 세족례(洗足禮) 때, 나는 '연례행사처럼 치르는 형식적인 발씻김이 아니라 예수님의 마음으로 씻어야겠다.'는 생각으로 첫 번째 신자의 발을 씻었습니다. 그리고 두 번째부터는 단정하게 앉아서 두 손으로 정성을 다해 씻었고, 그 다음부터는 뽀독뽀독 소리 나도록 깨끗하게 씻고 닦았습니다.
　그랬더니 예수님의 마음이 내 마음에 찾아왔습니다. 사람들을 섬기는 마음으로, 그들의 허물과 아픔까지 씻고 다독거려주는 예수님의 큰 사랑이 내 마음을 움직였습니다. 여느 때보다 다섯 배나 시간이 더 걸려 열두 분의 발을 씻기고 나니 큰 행복감이 가슴 한가운데서 솟아올랐습니다. 온몸은 땀에 젖어 있었지만 힘들기는커녕 너무나도 기쁘고 기분이 좋았습니다. 나뿐 아니라 열두 명의 신자들도 밝게 상기된 얼굴로 자리로 돌아갔습니다.
　뜨거운 감동과 기쁨이 충만한 가운데 미사가 끝났고 얼마 뒤 사제관으로 열두 분이 찾아왔습니다. 그들의 얼굴이 보통 때와 달라 보였습니다. 모두들 행복해 보였고 감사하는 마음이 얼굴에 흘러넘쳤습니다.
　내가 말했습니다.
　"성목요일 미사 후 교회는 침묵으로 들어갑니다. 하지만 오늘 이 기쁜 저녁을 그냥 넘기기에는 너무 아쉬우니까 자갈치시장 옆 등대횟집에 가 계시면 저도 곧 따라가겠습니다."

오랜만에 맛 좋은 생선회를 먹고 소주도 한 잔 했습니다. 미사 중에 느낀 소감도 함께 나누는 은혜로운 시간을 한 시간 가량 가졌습니다. 그리고 마칠 무렵 내가 제의했습니다. "오늘은 제가 음식 값을 치를 기회를 주십시오." 하고. 1991년 귀국한 직후였으니 당시 20여만 원은 꽤 큰돈이었다고 기억됩니다. 그러나 나는 기쁜 마음으로 그렇게 했습니다.

사제관에 돌아와 침대에 누워서 오늘처럼 기쁘고 즐거운 본당 신부 생활을 계속할 수 있다면 얼마나 행복할까? 신자들의 근심 걱정과 아픈 상처를 씻어주듯이 발을 씻어주었고, 성체로 영혼의 양식을 모시게 했고, 육신을 위해 맛있는 생선회도 사 준 것이 그렇게 기쁠 수가 없었습니다.

사제는 봉사자입니다. 봉사는 희생이 따르기 때문에 고통스러울 수도 있습니다. 그러나 사랑이 있으면 희생은 기쁨이자 보람입니다. 사제에게 있어 봉사는 의무이지만, 또한 남들이 할 수 없는 일을 할 자격이 주어진 큰 권리라는 것도 그때 깨달았습니다. 그걸 할 수 있는 내가 자랑스러웠습니다. 그리고 "나는 섬기기 위해서 이 세상에 왔다."고 말씀하신 예수님을 조금이나마 닮고 싶었습니다. 그 예수님을 따르는 삶을 살기 위해서 나는 제자들의 발을 씻겨주신 예수님처럼, 사람들 앞에 나를 겸손하게 낮추고 그들의 더럽혀진 마음, 감추고 싶은 허물, 아픈 상처를 포용하면서 그들과 일치하려고 노력해야 한다는 것을 다시 한 번 깊이 다짐했습니다.

그날의 세족례는 신자들의 마음속에 예수님의 마음을 전해주었던 것 같습니다. 이후 그분들은 본당 안에서 크고 작은 봉사를 진심으로 기쁘게 소리 없이 실천함으로써 본당 공동체가 더 많이 발전하고 변화하는 데 앞장섰습니다. 그리고 성목요일에 가난한 이들을 위한 헌금이 평소보다 세 배가 많아졌다고 했습니다.

한 사제가 사랑과 겸손으로 봉사했을 때 신자들에게 어떤 영향을 미치는지 새삼 알게 해준 그해 그 밤이 언제나 오늘이 되었으면 좋겠습니다.

# 특권의식

성소는 하느님의 부르심입니다. 우리 모두는 성소를 받았습니다. 하느님은 우리를 계속해서 부르고 계십니다. 그러므로 우리는 그 부르심에 응답하는 삶을 살아야 합니다. 이 부르심을 따라 사는 것이 인생을 지름길로 사는 길입니다. 성소가 확실하게 식별되면 성소에 응답하면서 사는 것이 은총 속에서 살아갈 수 있는 왕도입니다. 설사 그 길이 힘들고 어렵고 두렵더라도 말입니다.

성소는 우리가 일생 동안 살아가야 할 소명(召命)과 비슷하지만 근본적으로 소명이나 사명과는 다릅니다. 소명은 하느님이 우리에게 주신 삶의 지침입니다. 그러나 성소는 지속적으로 하느님과의 관계를 유지하면서 하느님의 은총 속에서 사는 것입니다.

우리가 하느님의 부르심을 받은 대로 삶을 살아갈 때 그 삶에 기쁨이 있고 비전이 있다면, 그 길은 하느님께서 내게 주신 거룩한 부르심, 곧 성소인 것입니다. 모든 그리스도인들은 자기만의 성소를 받았고 그 길을 따라 살아가는 사람들입니다.

내게도 내 인생을 일관된 신념으로 관통하면서 강력한 힘으로 이끌어온 성소가 있습니다. 지난 66년 동안 한 번도 변하지 않았고 사제생활을 계속해왔던 것도 이 성소를 통해서 부어 주신 하느님의 사랑 때문입니다.

초등학교 4학년 때 밭에서 일하다가 우연히, 그러나 아주 강렬한 느낌에 사로잡혔습니다. 당시 우리 본당에는 신학생도 없었고 본당 출신 사제도 없었습니다. 본당 신부님이나 수녀님이 내게 성소에 대해 말한 적도 없는데 느닷없이 신부가 되어야겠다는 생각이 든 것입니다.

중학생 시절, 학교에서 돌아오면 누군가 내 양말을 빨아놓기도 하고, 예쁜 꽃을 수놓은 손수건을 몰래 선물하는 일이 종종 있었습니다. 아마 같은 동네 여학생의 마음의 표현이라고 짐작은 했지만 왜 그렇게 하는지 이유를 잘 몰랐습니다.

또래의 친구들은 얼굴에 여드름이 나기도 하고 이성 친구를 보면 가슴이 울렁거린다고 하는데 나는 고등학교를 마칠 때까지 사춘기의 느낌을 전혀 느끼지 못했습니다.

그런데 고교 2학년 때 우리 반 남학생과 다른 학교 여학생이 무기정학을 당했습니다. 그 이유는 '청암사'에 같이 놀러 가서 암자에서 밤

새도록 놀았는데, 나중에 방구들이 꺼진 것을 알고 스님이 학교에 통보해왔기 때문입니다. 공부할 시간도 모자라고 성당에 갈 시간도 부족한데 왜 그런 짓을 했는지 나는 도저히 이해할 수가 없었습니다.

당시는 성소를 통하여 주님께서 나를 완전히 사로잡고 있었기 때문에 주님이 주신 성소인 사제가 되어야 한다는 것 외에는 내 마음을 쓸 수가 없었던 시절이었습니다.

당시 대구 대교구 최덕홍 주교님이 성소 면담할 때 "학교 공부는 반에서 중간 정도면 좋겠네. 이렇게 잘할 필요는 없는데, 무엇보다 건강을 중시해야 해." 하고 말씀하실 정도로 나는 사제가 되려면 공부를 잘해야 한다는 생각 때문에 고교 시절에는 하루 15시간 이상 공부를 했습니다. 당시엔 공부를 너무 많이 해서 부모님이 걱정하실 정도였는데 덕분에 반에서 5등 아래로 떨어져본 적이 없었습니다.

적어도 한 달에 한 번은 고해성사를 보았고 토요일엔 친구들을 데리고 성당에 가서 놀거나 주일학교에 참여하는 것이 내 중요한 일과였습니다. 초등학교 졸업 때는 교육감이 수여하는 모범학생 표창장도 받았습니다. 어떤 힘이 저를 이렇게 살게 했는지 지금 생각해도 신기합니다. 그러나 이것은 제 인간적인 힘과 노력의 결과는 절대로 아니라고 생각합니다. 오직 성소를 실현하는 단계의 은총이었다고 확신합니다.

신학교에 들어갔을 때 나는 내 평생의 소원을 이루었다고 느꼈습니다. 그런데 별과와 철학과를 마치고 신학과에 들어가면서 위기가 닥쳐왔습니다. 신학과에 들어가기 전 삭발례라고 하는 예식이 있는데,

세속을 떠나 성직자 대열에 참여한다는 뜻으로 머리를 조금 깎고 성직자 복장인 수단을 입혀줍니다. 그러면 소성직자(小聖職者)가 됩니다. 그런데 언제부터인지는 확실하지 않지만 상당히 오래전부터 삭발례 대상자를 한 명씩 붙잡아서 엎어놓고 때리는 놀이가 있었습니다. 성인 호칭 기도를 외우게 하면서 볼기를 때리기도 합니다. 성직자가 되면 구타(물리적, 정신적)를 당하지 않는 교회 규정이 있어서, 비록 잘못했다 하더라도 공개적이고 굴욕적인 구타를 당하지 않기에 마지막으로 때려준다는 좋지 못한 전통이었습니다.

이런 힘든 과정을 거쳐서 그렇게도 소원했던 성직자 복장인 수단을 입고 자랑스럽고 가슴 벅찬 신학과 생활 1년을 지냈습니다. 그런데 그런 내가 변해갔습니다. 기도와 신학 공부와 고해성사에 대해 흥미와 성실성을 잃어갔습니다. 이런 상태가 계속되면서 내 삶은 성장하지 못했습니다.

사제가 되고 난 뒤에도 10여 년이 지나서야 나는 그 이유를 깨닫게 되었습니다. 소위, 성직자 특권의식이 내 안에 가득 찼던 것입니다. 이것 때문에 나의 초기 사제생활은 꽉 막힌 수도관처럼 하느님과 사람들과 사랑과 우정을 나눌 수가 없었습니다.

얼마나 지독한 독약인지, 그리고 거기에서 벗어난다는 것이 얼마나 어려운지를 지금 생각해도 정말 몸서리가 쳐질 정도입니다. 봉사와 섬김의 순수한 성직자 직분을 오히려 우월적인 특수한 신분이라고 생각했습니다. 특히 내 눈에 보이는 교계제도, 그 안의 계급적인 현실, 거기서 이루어지는 갖가지 모습들을 보면서 나는 어리석게도 내 성소를 가로막는 왜곡된 특권의식에 사로잡혀 병들어갔던 것입니다. 그 때문에 나는 많은 삶의 굴곡과 어려움을 겪어야 했고, 사제가 된 후 12년 동안이나 갈등과 고통 속에 살았습니다.

오랜 시간이 지난 뒤, 하느님의 은총으로 모든 것을 극복하고 해방되었을 때 비로소 나는 제2의 사제성소를 살 수 있었습니다. 나의 제2의 사제성소는 이전에 깨닫지 못한 사제의 길을 걷게 해주었고 이 성소 때문에 받은 축복은 너무나 많습니다. 예수님과 일치해서 사는 삶이 쉬워졌고 사제의 길을 어렵지 않게 갈 수 있었으며 오늘의 내가 있게 되었습니다.

우리 그리스도인들은 세례성사로 하느님의 부르심을 받습니다. 당신의 아들 딸, 하늘나라의 상속자, 백성으로 불러주신 축복에 감사하면서 살아갑니다. 그리고 하느님께서는 우리가 세상을 살아가는 동안 우리 각자에게 성소를 주셨습니다. 살아가면서 자기가 있는 자리, 받은 소명, 해야 할 사명이 바로 하느님의 부르심입니다. 쉽게 얘기하면 내가 죽어서 하느님 앞에 갔을 때, "세상에 있을 때, 이런 일을 하라고 해서 제가 이 일을 하고 왔습니다." 하고 떳떳하게 말할 수 있는 것이 바로 나의 성소인 것입니다. "당신이 맡기신 일을 했고 그 길을 충실히 따랐습니다. 그러나 실패도 했고 잘 따르지는 못했지만 당신의 뜻을 따르기 위해 최선을 다했습니다." 이렇게 말하는 것이 성소의 길을 걷는 것이라고 생각합니다.

스스로 성소가 없다고 생각하는 신자들을 보면 참으로 안타깝습니다. 한 번쯤 조용히 내 성소가 무엇인가를 생각해봤으면 좋겠습니다. 나의 성소 발견은 성숙한 그리스도인의 왕도요 지름길이기 때문입니다.

04 사람을 짓는 일 (제2의 성소)

"왕 신부님, 우리 수도원에 입회하시면 좋겠는데 어떠십니까?"

1987년 트라피스트 수도원 피정 중에 수사신부님이 말씀하셨습니다. 나는 일주일 동안 이 문제에 대해 곰곰이 생각했습니다.

결론은 내 본명인 프란치스코 하비에르 성인처럼 살아야 한다는 것이었습니다. 기도(관상)생활도 중요하지만 복음을 선포해야 하는 것이 내게는 더 중요한 소명이었습니다. 지나 온 내 인생 여정을 돌아보아도 그것은 확실합니다.

30대에는 일하는 것이 아주 중요했습니다. 1,000명의 예비 신자를 모으고 일주일에 약 20시간 이상 운영하고 가르쳤습니다. 그러면서 가톨릭 저널리스트클럽을 창립하고 교구의 홍보담당으로 대사회적

창구 역할도 했습니다. 교회 발전을 위한 일이라면 물불을 가리지 않고 일에 내 열정을 다 쏟았습니다.

30대가 지날 즈음 나는 큰 실망을 안고 한국을 떠나야 했습니다. 나는 일보다는 사람이 더 중요하다는 것을 터득했습니다. 일은 미룰 수 있고, 또 능력이 부족할 때는 교육을 통해서 가르치고 뜻을 맞출 수 있고 참고 기다려줄 수도 있습니다. 그러나 사람은 마음의 상처를 받거나 인간관계가 무너지면 회복이 매우 어렵습니다.

'건물을 짓는 것이 아니라 사람을 짓는 것이 중요하다.' 나는 크게 깨달았습니다. 이렇게 40대 중반을 지나면서 하느님께서 다시 한 번 제2의 성소로 나를 인도하시는 것을 알았습니다. 어찌 된 일인지 나는 성당이나 교회 건물을 건축한 적이 한 번도 없었습니다. 아마도 사람을 그리스도인으로 일으켜 세우는 것이 내 성소였던 것 같습니다.

1980년부터 1995년까지 미주, 캐나다, 남미, 유럽, 한국에서 수없이 많은 연수와 교육, 피정, 은혜의 밤을 아주 열정적으로 주관했습니다. 10여 년에 걸쳐 미국, 브라질, 아르헨티나, 한국에서 봉사자 양성을 위한 다양한 프로그램의 정기적인 피정도 실시했습니다. 그들의 영성을 깨우치고 복음의 위대함을 알리는 데 최선을 다했습니다.

외국에서 사목생활을 하던 50대는 시련이 많았지만 하느님 안에서 다시 새로이 사람들과 만남을 가졌습니다. 하느님 위주로, 성서를 중심으로, 기도와 성사생활을 하는 것을 중심으로 살았습니다. 예수님처럼 아버지 하느님의 뜻에 따르는 것이 내게는 유일한 양식이었습니다. 하느님 아버지와 성자 예수 그리스도와 성령의 뜻을 알고 그것을 실천하는 것이 가장 중요하다는 사고방식과 가치관에 따라 살았습니다.

60대가 되면서는 이웃이 참 소중했습니다. 이웃 안에 계시는 하느님, 이웃 안에서 슬퍼하시며 고통과 모욕을 당하며 억압당하는 하느님을 보게 된 것입니다. 귀국해서 본당 사목을 하는 중에는 한 주간에 화, 수, 금요일에 오전 9시부터 저녁 10시까지 3일을 면담과 고해성사를 주었습니다. 그런데도 언제나 앞으로 한 주간 더 해야 할 사람들이 밀려 있었습니다. 그런데 면담을 통한 고해성사를 하면서 느끼고 깨달은 것이 너무나 많았습니다. 개인적인 대화와 기도 가운데 내려지는 주님의 축복이 얼마나 충만한지를 깊이 체험했습니다. 그래서 한때는 '마리아 비안네 사제와 같은 소명이 내게도 있지 않은가.'라는 생각도 해보았습니다. 한 사람 한 사람의 이야기와 문제를 깊이 경청하고 그들의 죄와 상처를 치유해주면서 나는 사람을 사랑하는 일이 무엇보다 중요하다는 것을 새삼 깨달았던 것입니다.

'사람이 중요하다. 그들의 영혼을 위해 종교의 울타리를 초월하여 사람에게 봉사하다가 주님께로 가야 하겠다.'

본당 사목에서 퇴임하기 2년 전부터 이런 생각을 했습니다. 종교와 신학적인 진리보다도 내게는 사람이 훨씬 더 가치 있고 소중했습니다. 그래서 사람은 내 마지막 여생을 투신해서 섬겨야 할 가치가 있다는 믿음으로 마음과 생각을 한곳으로 모았습니다.

그런데 70살이 넘자 뭐가 중요한가는 중요하지 않았습니다. 그냥 현재에 충실한 삶, 현재에 감사하는 삶을 사는 것이 순리라고 생각했습니다. 동양에서 '순리'라고 하는 것, 내가 한평생 이룬 모든 일들, 계획과 결과들, 모든 것이 하느님의 섭리, 하느님의 이끄심, 바로 그 것이었습니다. 내가 한 것은 별로 없습니다. 모든 것은 하느님의 이끄심이었습니다.

결국 일과 사람, 하느님과 이웃, 그중에 어느 것이 중요한지 따지는 일은 의미가 없습니다. 사람을 사랑하시는 하느님 안에서 어떻게 하면 그분께서 원하시는 일을 할 수 있을까, 아버지의 뜻이 무엇인가? 어떻게 해야 그것을 실행할 수 있을까? 하느님께 순명하면서 최선을 다하는 것, 그것이 내 삶에 가장 소중한 일임을 이제 분명히 압니다. 나는 언제나 하느님 안에 있는 하느님의 사람이기 때문입니다.

Stage 5

태초에 말씀이 있었다

 # 사람을 변화시키는 말씀의 힘

　　　　　교회는 말씀으로 오신 예수님의 공동체입니다. 말씀으로 우리를 구원하시고 말씀으로 사랑을 보여주신 예수님의 말씀 공동체이기 때문에 교회 공동체는 말씀을 듣고 선포하고 말씀을 삶으로 나누는 가운데 성장해 나갑니다. 이는 교회 공동체가 지니는 본질적인 요소입니다.

　　1991년 귀국해서 초장 성당에 있을 때입니다. 귀국한 지 채 1년도 되지 않은 어느 날, 김기수(안드레아) 당시 부산지검장이 찾아왔습니다. 1968년 범일 성당에서 혼인성사를 주례한 인연이 있었던 나를 방문한 이유는 성서 모임을 갖고 싶다는 것과, 내가 지도해주면 좋겠다는 것이었습니다. 당시 개신교와 불교 단체에서는 각종 모임이 활발

했던데 비해 천주교의 활동은 미미해서 안타깝다며, 법조계 성서 모임 지도를 제의해 왔습니다.

한 달 동안의 준비 기간을 가진 후 판사, 검사, 변호사 등 10명이 모여 성서백주간 모임을 초장 성당에서 시작했습니다. 일주일에 한 번씩 3년간 계속된 이 모임은 참으로 은혜로웠습니다.

3년간 하루도 빠지지 않은 사람이 있는가 하면, 평균 결석률은 2회, 많이 결석한 사람이 4회였을 정도로 출석에 열의를 보였던 것이 참 인상에 남습니다. 3년 개근한 사람에게는 내가 기도하면서 얻은, "너는 내 아들, 나 오늘 너를 낳았노라."라는 〈시편〉 2장의 성경말씀을 새긴 상패를 시상했습니다. 10여 년이 지난 지금도 그분은 이 말씀을 삶의 좌우명으로 삼고 은혜를 받으면서 살고 있습니다. 그리고 본당에서 계속해서 성서백주간 모임을 주관하면서 지금 4회째를 맞고 있습니다.

모임이 끝날 무렵 1박 2일 피정에 부인들도 초청하여 성서 모임의 기쁨과 감동을 함께 나누기도 했습니다. 마지막 모임에서는 3년간 깊이 묵상한 성서구절을 하나씩 발표하고 느낌을 나누었는데 너무나 은혜로워서 아직도 생생하게 기억 속에 남아 있습니다.

우리는 모임이 성공적이었다고 자체 평가를 내렸고, 그중 한 분이 그 이유를 "신부님이 우리를 학생처럼 가르치려 하지 않았기 때문입니다."라고 했을 때 나는 주님께 감사했습니다. 나는 모임을 시작하면서 모임의 주인은 주님이시고 예수님께서 직접 인도하여주실 것을 간구했습니다. 따라서 다른 사람과 똑같이 내 할 일만 했을 뿐이었습니다. 말씀을 터득하고 깨닫게 한 것은 바로 성령이시고 성령께서 하신 일이었습니다.

성서 모임을 통해 말씀이 우리를 얼마나 은혜롭게 변화시켰는지 생각해보았습니다.

첫째, 기도생활이 바뀌었습니다. 말씀을 묵상하면서 기도하다 보니 자유기도를 자연스럽게 할 수 있었고, 성경말씀을 인용하면서 기도하는 습관이 생기게 되었습니다. 우리 신앙이 깊어지고 그 폭이 넓어진 것을 실감할 수 있었습니다.

둘째, 모두들 몸과 마음이 건강해졌습니다. 그리고 신앙생활을 성실히 하려는 열의를 가지게 됐습니다. 그 후에도 오랫동안 평화를 누리며 하느님과 함께 살아가는 행복한 나날을 보내고 있습니다.

셋째, 가정적으로 또 사회적으로 크게 존경받고 인정받는 지도자가 되었습니다. 검찰 총장, 법무부 장관 등으로 승진하기도 했고 성가정을 이루면서 아름답게 살게 되었습니다.

끝으로, 미사성제의 내용을 더 깊이 알게 되고 성령의 중요성을 인식하게 되면서, 마지막 피정 때는 모두가 성령안수를 진지한 자세로 받을 수 있었습니다.

이들이 법조인이라는 직업적인 고정관념을 뛰어넘어 타인의 입장에서 그들을 이해할 줄 아는 폭넓은 사고로 세상을 살아가는 모습을 보며, 나는 그것이야말로 성서 모임에서 얻은 가장 큰 열매라고 생각했습니다.

우리가 성경을 읽을 때 말씀은 우리 안에서 살아 움직입니다. 그 살아 있는 말씀은 우리에게 힘을 주고 감동을 주고 우리를 변화시킵니다. 나는 이 성서 모임을 통해 말씀의 위대한 힘을 다시 한 번 확인할 수 있었습니다. 우리를 변화시켜주시는 성령의 은총에 감사할 따름입니다.

"성경은 그리스도 예수를 믿음으로써 구원을 얻는 지혜를 그대에게 줄 수 있는 것입니다. ……진리를 가르치고 잘못을 책망하고 허물을 고쳐주고 올바르게 사는 훈련을 시키는 데 유익한 책입니다. ……선한 일을 할 수 있는 자격과 준비를 갖추게 됩니다."(2디모 3,·15-17)

02 귀를 열게 하는 말씀의 은총

하느님의 말씀은 우리를 살게 합니다. 하느님의 말씀은 살아 있는 말씀이기 때문입니다. 그래서 말씀은 힘이 있고 우리를 움직이고 우리에게 생명을 줍니다. 우리가 말씀에 귀 기울이고 마음을 열고 말씀을 들을 때 말씀은 우리를 살리고 우리를 변화시킵니다. 말씀 안에 함께 계시는 성령께서 우리를 말씀이 되게 하시기 때문입니다.

트라피스트 수도원에서의 40일 피정과 성 이냐시오 영성 수련 30일을 마친 후, 나는 예루살렘에 가기 전에 잠시 한국에 들러 서울에 있는 '영원한 도움의 수녀회' 본원에서 일주일을 머물렀습니다.
1987년 봄이었습니다. 잠시 쉬러 갔는데 많은 수녀님들이 면담과 고해성사를 원했습니다. 피정 지도 신부님과 같이 성사를 주었지만 쉴 틈이 없을 정도로 시간이 많이 걸렸습니다. 하루는 수련장 수녀님이 "한 사람 한 사람에게 많은 시간을 내어 수고하시기보다는 저녁시간에 수련·지원 수녀님 전체에게 한 시간 정도 말씀을 해주시면 좋겠습니다."라고 말했습니다.

나는 트라피스트 수도원 피정, 이냐시오 영성수련, 그리고 사제생활 27년간 한국과 미국에서의 체험들, 매월 두세 차례 피정을 지도하면서 만나고 알게 된 '하느님'과 '나 자신'에 대해서 80여 분간 이야기를 했습니다. 마음이 깨끗한 수녀님들, 지원자들이어서 그런지 그날의 이야기는 참으로 은혜롭게 전달되는 것 같았습니다.

다음 날 아침 연세가 많으신 수녀님 한 분이 내 방에 찾아왔습니다.

"신부님, 정말 고맙습니다. 지난 3년 동안 피정을 하지 못해서 제 수도생활이 너무나 힘들었습니다. 그런데 어제 저녁 신부님 말씀은 그동안 귀가 있어도 잘 듣지 못하던 저에게 신기하게도 아주 또렷하고 시원하게 잘 들려왔습니다. 오랫동안 식어 있던 메마른 제 심령에 신부님의 말씀이 단비처럼 은혜롭게 쏟아졌습니다. 정말 너무나 기쁘고 좋아서 하느님께 찬미와 영광을 드립니다."

그분은 80세가 가까워지면서 청력이 떨어져서 말씀을 대부분 알아듣지 못하고 일상 대화에서도 불편을 느낄 정도였다고 합니다. 수녀님의 얘기에 나도 기뻤습니다. 그때 "말씀은 귀를 맑게 하고 마음의 눈을 뜨게 한다."는 〈시편〉의 말씀이 생각났습니다. 하느님을 간절히 만나고 싶었던 수녀님에게 말씀으로 오신 하느님께서 작은 기적을 일으켜주신 것이라고 나는 믿습니다. 수녀님의 믿음과 말씀에 대한 갈망이 얼마나 컸던가를 짐작할 수 있었습니다.

1980년대 초 나이아가라 폭포 옆의 수도원에서 피정할 때가 생각납니다. '하느님의 사랑'에 대하여 강론을 하던 나는 10분이 지나고 20분이 지나면서 강의실 안에서 심상치 않은 기운을 느꼈습니다. 그리고 30분이 경과하면서 강의실 분위기가 성령으로 가득 채워지고 있음을 알 수 있었습니다. 성령께서 듣는 사람들의 영혼 속으로 스며드는 것도 느낄 수 있었습니다. 40분, 50분이 지나면서부터는 성령의 기운이 그들의 마음을 흔들면서 모두가 하나가 되어 주님께로 향하고 있었으며, 하느님의 현존을 체험하는 신비로운 분위기로 바뀌는 것을 경험했습니다.

생각해보니 그때 나는 은총 가운데 머물러 있었던 것 같습니다. 성령의 충만한 은총 속에 있으면서 성경말씀을 두 달 동안 계속 묵상하고 있었기 때문에 내가 말씀 안에 살아 있었던 만큼 생생하게 살아 있는 말씀을 전할 수 있었던 게 아닌가 싶습니다. 아마도 내가 받은 말씀의 은사들이 최고조로 활성화돼 있었던 때였던 것 같습니다.

성령께서는 우리를 참으로 신비롭게 이끄십니다. 주님의 말씀은 귀머거리도 듣게 합니다. 우리를 말씀으로 초대해주시고 말씀에 맛들이게 하시고, 그 말씀을 알아듣는 지혜를 주시고 생명수처럼 우리를 살리십니다. 또한 우리가 은총 안에 살 때, 하느님과 다정하게 친밀한 관계를 유지하면서 일치하며 살 때, 복음은 강력한 힘을 지니고 은혜롭게 선포된다는 것을 깊이 체험했습니다.

지금도 그때의 수녀님들과 수련자들이 당시 내가 전한 말씀의 내용들을 생생하게 기억하고 얘기하는 걸 들을 때마다 나는, 말씀을 전하려면 내가 먼저 말씀이 되어야 한다고 마음속으로 되뇝니다.

강론은 어떻게 하는가

"신부님, 이제는 강론 밑천이 거의 바닥났나 봅니다."

"부임한 지 3년 정도 지나면 신부님 강론 몇 말씀만 들어도 내용이 뻔합니다. 본론이 어떻게 나오고 결론이 무엇으로 끝날 것인지를 대충 알게 됩니다."

대개 같은 본당에서 3년 정도 사목하다 보면 선후배 신부들이나 신자들에게서 농담처럼 들을 수 있는 얘기들입니다. 그러나 나는 강론에 대한 이런 말들을 싫어합니다. 동의할 수도 없고 이해가 되지 않는 말입니다. 똑같은 성서구절을 오늘 읽고 묵상한 것과 1년이 지나 다시 읽고 묵상할 때 내게 전해지는 메시지는 전과 다를 수밖에 없습니다. 왜냐하면 오늘의 나는 어제의 내가 아니기 때문입니다.

강론은 준비된 노트를 되풀이하는 대학 강의가 아닙니다. 강론은 말씀을 통해 삶을 서로 나누는 것입니다. 내가 변화하고 환경이 변화하면 묵상 내용이 달라질 수밖에 없고, 따라서 강론은 전과 똑같은 메시지를 전달할 수 없게 되는 것입니다.

"복음은 무궁무진한 은총을 잉태한 하느님의 말씀입니다. 어제와 오늘의 내 생활이 다르고, 똑같은 군중이지만 그들의 내적인 상태와 욕구가 어제와는 분명하게 다릅니다. 그러므로 내 삶 자체가 복음 선포이기 때문에 똑같은 말씀을 계속해서 그대로 전한다는 것은 기적이 아니고서는 불가능하다고 생각합니다."

우리 신자들도 미사 때 강론을 잘 듣고 마음에 새기고 삶으로 연결할 수 있도록 노력할 필요가 있습니다. 주일의 제1독서와 복음 내용은 그 주일 말씀의 핵심을 전해주기 위해 준비된 말씀들입니다. 그 말씀들을 읽고 종합하고 묵상해보면 핵심 메시지를 알 수 있습니다. 그리고 화답송, 입당송, 고유 감사송 등을 읽어보면 교회가 그날 말하고자 하는 아름다운 기쁜 소식이 그 안에 들어 있습니다. 말씀 안에 담겨 있는 메시지를 알고 강론을 듣는다면 이미 내 귀가 하느님 말씀을 향해 열려 있기 때문에 말씀이 나를 이끌어가게 되는 것입니다.

나는 강론을 할 때, 신자들에게 나의 지식이나 경륜이 아니라, 성령과 그의 능력을 가지고 예수님이 이 자리에 섰다면 이들에게 무슨 말씀을 하고 싶으셨을까를 늘 생각합니다. 그때그때마다 예수님이 원하시는 말씀을 전하고자 했습니다.

나는 40여 년간 강론하면서 원고를 미리 작성해서 강론한 적이 없습니다. 한두 시간 기도하고 읽고 묵상하고 생각한 것을 메모한 적은 있었지만 원고를 써서 한 적은 거의 없었습니다. 모임의 성격과 수준, 반응도 보면서 그들이 원하는 것을 전해줍니다.

또 하나 중요한 것은, 말씀을 전하는 은사를 받아서 해야 한다는 것입니다. 그래야 말씀이 사람들 안에서 생생하게 살아 있을 뿐만 아니라 우리 삶에 큰 영향력을 행사할 수 있습니다. 은사를 가지고, 강론하는 그 시간에 그 은사가 활성화되어 제대로 선포될 수 있도록 미리 기도하고 소망하는 가운데 강론하는 것이 대단히 중요하다고 생각합니다.

나는 가끔 성령의 감동을 받아서 말하고 있다는 것을 느낄 때가 있습니다. 때로는 전율과 감동을 느끼면서 미처 생각하지 못한 말씀을 나도 모르게 할 때가 있습니다. 그럴 때는 듣는 신자들도 정신이 깨어나고 분위기가 집중되고 말씀 속으로 빨려 들어오는 느낌을 느낄 수 있습니다. 그것은 분명 성령의 감동을 받아서 전하는 은사적인 강론이었습니다. 그런 강론은 신자들의 마음속에 오랫동안 새겨져서 살아가는 데 큰 지침이 되어 예언적인 효과를 나타낼 수 있을 것이라고 생각합니다.

나는 말씀을 능력 있게 선포하는 전달자가 되게 해달라고 오직 주님께 매달립니다.

"당신은 점점 더 커지셔야 하고 당신의 종은 점점 더 작아지게 하여

주옵소서."

일주일에 4, 5일 동안을 성실하게 준비해서 강론대에 서기 전에 제단을 향하여 이렇게 기도합니다. 그러므로 기도와 말씀, 내 생활을 종합한 결정체가 한 주일의 강론이라고 믿습니다.

"당신 말씀을 전할 때 함께하여 주옵소서. 이 시간에 성령께서 주신 지혜와 지식의 은사가 활성화되게 하여주옵소서."

일본 순교자들이 마지막 십자가 형틀에서 죽기 전에 하신 강론이 지금도 생각납니다.

"십자가에 못 박혀 죽음을 앞에 둔 '바오로 미끼'는 자신이 이제까지 서보았던 강단 중에서 가장 영예로운 강론대 위에 서 있다고 느끼고서 마지막 말씀을 했다."(《성무일도》 2권 1490쪽 참조)

Stage 6

함께 멀리 가는 이정표, 공동체

01 길천 성당

　　　　　내 사제 생활의 마지막 본당은 길천 성당이었습니다. 동래 성당을 떠나기 전 나는 주교님을 찾아가 이런 말씀을 드렸습니다.

"제가 퇴임할 나이도 됐으니 부산 교구에서 사목 환경이 가장 열악한 본당에서 사목하다가 퇴임하고 싶습니다."

그랬더니 주교님은 과연 그런 곳에서 사목할 수 있겠느냐고 반문했습니다. 연로한 사제가 지내기에는 열악한 환경이었던가 봅니다. 그래서 나는 예수님 당시의 상황보다 더 나쁘겠느냐는 말씀을 드리고 부임할 뜻을 밝혔습니다.

2005년부터 1년 남짓 몸담았던 길천 성당은 부산광역시 기장군에 있는 바닷가 성당입니다. 우리나라에서 가장 작은 성당 중의 하나입니다. 주일미사에 참례하는 신자가 많으면 80명, 평균 60명 정도였습니다. 얼핏 보면 갈릴래아 호수를 닮은 조용한 바닷가 마을에 있는 이 작은 성당은 마을회관으로 사용하던 30평 크기의 낡은 건물이었습니다. 대지가 36평이었지만 제의방의 일부는 남의 땅이었습니다. 사무실과 회합실도 임대건물을 쓰고 있었고 사제관도 통술집을 개조한 곳에 전세 들어 있었습니다.

성당에서 100여 미터 떨어진 곳에 있는 사제관은 방에 곰팡이가 피었고 밤에는 쥐들이 천장을 돌아다녔습니다. 화장실도 바깥에 있어 여간 불편하지 않았습니다. 첫 식복사가 사흘 만에 떠나가고 다른 이들도 한두 달 만에 그만두고 가버렸습니다. 얼마 후 본당 회장님이 셋방을 얻어주어 3개월 동안 살았는데 집주인인 노부부, 바깥채의 사제관, 할머니 한 분, 그리고 청년이 세 들어 있었습니다.

어느 날 밤 10시쯤 사목회의를 마치고 수단을 입고 집에 돌아왔습니다. 놀러 왔던 이웃집 할머니가 나와 눈이 마주치자 놀라면서 "너, 누구냐!" 하고 소리를 질렀습니다. 내가 머뭇거리는 사이 주인 할머니가 얼른 말했습니다. "우리 집에 세 들어 사는 사람이네."라고. 방에 들어가면서 생각했습니다. '아! 내가 이 세상에 세 들어 사는 나그네구나. 인생 길에 잠시 머물다 가는 셋방살이 떠돌이구나.' 마음이 왠지 서글퍼졌습니다. 저녁기도를 하고 나자 많은 생각이 떠올랐습니다.

IMF 이후 많은 사람들이 경제적인 어려움 속에 고통과 아픔을 겪고 있다는 사실이 새삼스럽게 생각났습니다. 큰 집에서 작은 집으로, 작은 집에서 셋방으로 전전해야 하는 사람들의 눈물과 슬픔을 비로소 실감할 수 있었습니다. 셋방살이하는 신자들의 서러움과 고통을 내가 얼마나 함께 나누며 사목활동을 했던가, 그들의 마음을 속속들이 헤아리지 못하고 형식적인 사목활동을 해온 것이 아닌가 반문해보았습니다.

하루는 부슬비가 내리는 길을 술에 취해 비틀거리며 노래를 흥얼거리며 걷던 50대 남자가 나를 힐끔힐끔 노려보더니 내 뒤통수에 대고 욕을 했습니다. "성당을 지으려면 좀 제대로 된 집을 지어야지, 쪼그만 날림집 하나 지어놓고 하느님 집이라꼬? 빌어먹을 인간들, 참 안됐다. 성당은 쪼그만 한데 웬 커다란 신부가 와서 참 꼴 사납구만."

사제관에서 성당까지 가는 길에 다방이 다섯 개 있습니다. 그 길을 나는 수단을 입고 다녀야 합니다. 어느 날 다방 여주인이 나를 보더니 푸념조로 들으라는 듯 말했습니다. "여기도 장사 다 틀렸네, 이상한 사람이 이상한 옷을 입고 왔다 갔다 하니 정말 재수 없어서." 내가 축복을 주는 존재가 아니라 훼방꾼 같은 존재라고 말하는 게 분명했습니다.

몇 년 전 중국을 방문했을 때의 일이 생각났습니다. 한 신자의 주선으로 노동현장에서 허름한 작업복을 입고 낡은 자전거를 타고 퇴근하는 노인 한 분을 뒤따라갔습니다. 움막 같은 판잣집에서 옷을 갈아입고 나온 그는 손때 묻은 손가방을 들고 다시 자전거를 타고 어디론가 가고 있었습니다. 잠시 후 도착한 곳은 20여 명의 신자들이 모인 작고 초라한 방이었습니다. 그분은 견진성사를 집전하고는 국수 한 그릇을 드시고 숙소로 돌아갔습니다.

그분이 '중국 지하 교회의 주교님'이라는 사실을 안 나는 충격을 받았습니다. 온몸에 감동과 전율을 느꼈습니다. '바로 이곳에 예수님이 살아 계시는구나.' 중국의 가톨릭교회에 희망이 보이는 것 같았습니다. 가난 가운데 사시면서 가난의 행복을 얘기하고 가난하게 세상을 떠나신 예수님을 종교의 자유가 없는 중국에서 만났습니다. 참으로 특별한 은총이었습니다.

그런데 우리 교회 안에는 어느새 세상의 가치와 사회의 제도가 너무 깊이 뿌리박고 정착해 있는 게 사실입니다. 마땅히 누려야 할 소위 기득권을 포기하고 열악한 본당으로 간 나를 안타까워하는 선후배 사제들의 얘기들을 들으면서 나는 우리 교회 안에 팽배해 있는 계급의식, 물질적 가치관에 놀랐습니다. 또 교계 인사제도의 현황을 돌아보며 많은 느낌을 갖게 됐습니다. 예수님의 길을 따르려는 사제들에게 걸림돌이 되는 제도적인 문제들이 많다는 것을 안타까운 마음으로 바라보게 됐습니다.

가난하고 소외된 사람들과 함께 산다는 것은 말과 생각만큼 쉽지 않았습니다. 참 힘들었습니다. 모든 것이 힘들었지만, 그럴수록 내가 가난한 어촌에 산다는 사실이 예수님과 함께 있는 것이라는 생각이 들었습니다. 소위 세상적인 기득권이라는 것과 인간적인 욕심을 포기하고 가난한 삶을 선택한다는 것은 진정 '예수님과 함께'가 아니면 불가능했을 것입니다. 예수님의 큰 사랑이 없이는 그들을 아끼고 섬기면서 기쁘게 산다는 것은 너무나 힘들다는 것을 나는 그때 깨달았습니다.

모든 영광을 버리고 우리의 고통을 아파하면서 우리 가운데 계시기 위해 낮고 비천한 몸으로 이 세상에 내려오신 예수님의 마음을 조금이나마 닮으려고 노력하면서 나는 길천 성당에서 기쁘게 살았습니다.

그리고 내가 살고 있는 삶의 환경이 나로 하여금 예수님의 강생의 신비를 깊이 묵상하면서 성탄을 준비하게끔 이끌어주었습니다. 그래서 그해, 길천 성당에서의 성탄축일은 지금도 잊을 수가 없습니다. 내 일생에 가장 거룩하고 은혜로운 성탄대축일이었습니다.

낮은 곳으로 오셔서 인간의 고귀한 품위를 고양시키시는 강생의 신비의 놀라움이여!

목마른 신자들

"신부님! 우리 본당에서도 피정을 지도해주십시오. 국내는 물론 해외에서도 열정적으로 피정을 많이 주관하시면서 왜 신부님의 본당인 이곳에서는 아직도 시작하지 않으십니까?"

사실 나는 이런 이야기가 신자들에게서 스스로 나오기를 기다리고 있었습니다. 무슨 일이든 자발적인 동기가 중요하다고 생각했기 때문입니다.

"여러분이 정녕 원하신다면 제가 기쁜 마음으로 봉사하겠습니다."

그래서 그날 사목회의에서는 만장일치로 피정을 하기로 결정했습니다. 그런데 참가자 모집에 놀랍게도 600여 명이 신청서와 참가비를 냈습니다. 본당 신부가 직접 지도하는 피정에 빠른 시간 내에 이렇게 많은 사람들이 신청했던 것은 본당 사목 활동 중에 처음 있는 일이었습니다.

　신앙 쇄신 피정은 8주일 동안 일주일에 한 번씩 모여 두 시간 정도로 진행되었고 은혜 가운데 590여 명이 성실하게 피정을 마쳤습니다. 그런데 피정이 중반쯤 진행되었을 때 본당 공동체의 분위기가 서서히 달라지기 시작하더니 마칠 무렵에는 공동체의 흐름이 근본적으로 변화되고 있었습니다. 지엽적이고 부분적인 변화가 아니라, 하나의 커다란 물줄기가 새롭게 방향을 전환하고 있었습니다.

　피정을 마치고 난 신자들은 하느님께로 마음을 돌리고 살았습니다. 세상 걱정에 마음을 빼앗기지 말라고 하신 주님의 말씀이 그대로 그들의 삶에 나타났습니다.

　"신부님, 우리 본당에서도 성서 모임을 가졌으면 좋겠습니다. 이번 피정을 통해 말씀에 맛들인 교우들이 생각보다 많습니다."

　그래서 성서백주간 모집을 했는데 2주일 만에 무려 240여 분이 신청했고 24개의 성서 모임이 생기는 놀라운 이변이 일어났습니다. 3개월 후에는 미처 신청하지 못한 분들을 위해 다시 기회를 주었더니 100여 분이 다시 신청해서 본당의 성서 모임이 34개로 늘어났습니다. 말씀의 공동체, 주님과 함께 살아가는 초대교회 공동체처럼 활성화되기 시작했습니다.

　그리고 하느님께서는 우리 신자들을 너무나 오묘한 은총으로 이끌어주었습니다.

　"신부님! 제발 부탁합니다. 성체조배실을 만들고 기도하는 단체를 설립해주십시오. 우리 본당의 오랜 숙원 중 하나입니다."

"그렇게 간단한 문제가 아닙니다. 하실 분은 많이 있습니까? 1년 내내 지속적인 성체조배를 하려면 390여 명은 돼야 하고 1,000만 원 정도의 돈도 필요합니다."

그로부터 불과 한 달 만에 약 400여 명의 회원과 50여 명의 대기인원이 몰려들었으며 약 2,000만 원 정도의 성체조배실 건축 기금도 마련되었습니다. 이렇게 본당 공동체가 말씀으로 사는 교회, 기도하는 교회로 변화하기 시작했습니다.

그때 나는 아주 오랫동안 마음속에 간직했던 한 소망이 이루어지는 것을 실감했습니다. 성령으로 태어난 교회, 성령의 인도와 축복으로 교회의 고유 사명을 수행했던 초대교회의 모습을 본당 공동체에 심어 보고 싶었던 것이 나의 소망이었습니다. 초대교회처럼 본당 공동체 전체가 성령으로 쇄신돼야 한다고 생각하던 나로서는 성령으로 새롭게 변화하는 본당을 보며 정말 행복했습니다. 하느님께 감사와 찬미를 수없이 드렸습니다.

말씀의 공동체, 사랑을 나누는 공동체, 성령이 충만한 공동체를 이루어가는 본당 공동체를 보면서, 나는 오늘날 우리 가톨릭교회가 초대교회처럼 성령으로 살아갈 수 있다는 확신을 갖게 되었습니다. 그리고 나의 간절한 소망은 거의 마지막 본당이었던 동래 성당에서 이루어졌습니다.

사실 2002년 동래 성당에 부임할 때는 별로 달갑지 않았습니다. 그 당시 나는 부산 평화방송 설립 준비위원장으로 개국 준비를 거의

다 마친 상태였는데 여러 가지 사정으로 이곳 본당으로 왔기 때문입니다.

　언론·홍보 매체를 통해서 복음을 선포하고 싶다는 것이 사제생활 시작부터 나의 꿈이기도 했습니다. 그리고 주교님과 약속도 했고 모든 헌신적인 활동과 함께 사재를 많이 투자한 상태에서 그만두는 것은 커다란 충격이고 갈등이었습니다.

　그러나 막상 와서 보니 50년 된 동래 성당은 나를 간절히 기다렸다는 느낌을 받았습니다. 주일 교중미사 때마다 나는 신자들의 모습을 보며 감동을 받았습니다. 미사 중에 신자들의 시선은 제단과 사제를 향해 집중돼 있었습니다. 주님이 원하시는 목자를 애타게 기다리며 목말라하는 모습에 '바로 나를 기다렸구나.' 하고 직감적으로 느꼈습니다. 주님이 원하시는 일이 바로 이 일이었다는 것을 뒤늦게나마 깨달았습니다. 그리고 부임한 지 7개월이 지나면서부터 시작된 공동체의 변화는 내가 기울이는 노력의 몇 십 배로 신자들을 영적으로 풍요롭게 변형시켜 나갔습니다. 하느님은 참으로 놀라우신 분이십니다.

　지난날을 되돌아보면 언제나 내 생각과 계획보다는 주님의 이끄심과 섭리가 더 좋았습니다. 제 뜻보다는 주님의 뜻을 소중히 여기고 살아가야 하겠다고 몇 번이고 다짐해왔는데 그 결실을 하느님께서는 동래 본당에서 비로소 이루어주셨음을 체험했습니다.

　"오히려 내 귀를 열어주었사오며, 번제와 속죄제를 바치라 아니하셨기에 제가 대령했나이다. 나를 들어 두루마리에 적어두신 것 당신 뜻을 따르라시는 것인 줄 아옵니다. 나의 하느님, 당신의 법을 내 마음속에 간직하고 기뻐합니다."(시편 40, 6-8)

섬겨야 할 신앙 공동체

"바로 여기 주님이 살아 계시는구나!"

1993년 호주 시드니 한인 성당에서 있었던 3일간의 '은혜의 밤' 피정 마지막 성령미사 때였습니다. 수많은 군중 가운데서 외치시고 숨 쉬시며 기뻐하시는 하느님을 입당노래하면서 선명하게 느낄 수 있었습니다. 그 순간의 감동과 기쁨은 내 사목 활동에 오랫동안 큰 영향을 주었고, 교회 공동체에 대한 나의 태도도 방향전환을 하게 됐습니다.

공동체는 다스리고 육성해야 할 대상에서, 섬기고 보살피고 뜻을 헤아리고 순종해야 할 주인으로 바뀌었습니다. 여태까지 신학적으로 머리로만 알던 것을 이제는 가슴으로 생활로 받아들이고 사랑하게 되었습니다. 나의 사목 방향과 자세도 타볼산보다는 골고다 언덕을 향해 있었고, 그만큼 은혜가 충만했습니다. 소위 아주 잘나가는 공동체보다는, 어려운 여건 속에 있는 공동체를 가까이 하고 고통을 함께 나누는 가운데 하느님의 영광이 더 잘 드러날 것이라 믿었습니다.

이 시점부터 나는 '여론수렴'의 방법을 통해 공동체의 의견을 수렴하였고 '백성의 목소리가 주님의 소리(Vox populi, Vox Dei)'임을 실천에 옮겼습니다. 신자들의 의견에 따라 본당 공동체가 운영된다는 사실에 신자들은 모두들 좋아했고 참여율도 높았습니다.

1991년 초장 성당에서 사제관을 건립할 때, 세 번에 걸쳐 여론수렴을 했기 때문에 잡음 없이 순조롭게 마무리할 수 있었고, 오랫동안 은혜로운 본당 공동체가 될 수 있었습니다.

"본당 왕 신부님도 한 말씀 해야 하지 않겠습니까?"

사제관 준공 축복식을 마치면서 이갑수 주교님이 말씀하셨습니다.

"제가 한 것은 아무것도 없고 전적으로 신자들이 스스로 기쁘게 한 것입니다. 그래서 저는 할 말이 없습니다."

사제관, 수녀원, 사무실 건축 과정에서 건축위원들이 중심이 되어 처음부터 끝까지 주관했으며 나는 단지 정신적인 지원과 기도만 했습니다. 그분들이 일을 잘할 수 있도록 후원한 것이 전부이며, 완공을 한 사제관에서 나는 하루도 자지 않고 서대신 성당으로 전근되어 갔습니다.

큰 공동체나 작은 공동체나 교회의 이름으로 모이는 모임(공동체)은 '나' 또는 '너'보다 훨씬 더 중요합니다.

"내 이름으로 둘이나 셋이 모이는 모임에 내가 항상 함께 있겠다."
(마태 18, 20)

"내가 세상 끝 날까지 항상 너희와 함께 있겠다."(마태 28, 20)

거제 본당에서의 3개월

"새로 부임한 본당 신부는 나 같은 냉담자도 일일이 잘 챙겨주는구만!"

"성탄 찰고(察考)도 없고 교무금도 따지지 않고 고해성사를 준다는데……."

"KBS 한국방송의 〈한밤의 메아리〉 방송을 하던 유명한 신부님인데 이곳에 오래 계실까요?"

내가 1971년 거제도의 거제 성당에 부임한 것은 12월 중순이었습니다. 교구의 여러 사정 때문에 인사이동이 늦어졌고, 따라서 성탄을 준비할 시간적인 여유가 없었습니다.

3개의 공소에도 가야 하고, 600명이 넘는 신자들에게 고해성사를 주기에는 시간이 절대적으로 부족한 상황이어서 본당의 전체 교우들에게 부임인사 편지를 일일이 보냈는데 그 내용 때문에 위와 같은 이야기들이 신자들 사이에서 오고 간 것 같았습니다.

어쨌든 그해 성탄미사는 그야말로 대성황을 이루었습니다. 수적으로는 평년보다 무려 두 배가 넘는 교우들이 참가하였고 내적으로도 모든 신자들이 기뻐하면서 주님의 탄생을 맞이하는 커다란 축제가 되었습니다. 그래서 교무금이나 대축일 헌금이 놀랍게도 다른 때보다도 더 많이 봉헌되었습니다.

가족들을 모아놓고 찰고도 하지 않았으며 교무금 독촉도 하지 않았고 내년의 교무금 책정도 하지 않았습니다. 그럼에도 불구하고 단지 저의 부임인사 편지 하나 때문에 성탄미사가 명실 공히 축제가 되어 버렸습니다. 그래서 헌금을 자진해서 기쁘게 봉헌하였으며 생기 있는 본당 공동체로 활성화된 것은 내 사목활동 가운데 커다란 감동으로 아직도 남아 있습니다.

새해가 되면서 비가 내리면 언제나 질퍽거리던 성당 입구까지의 길을 시멘트로 말끔하게 포장했고 제단의 제대도 아름답게 수리·정돈했습니다. 헌금이 신자들을 위해 사용되는 것을 직접 눈으로 보게 된 신자들은 모두 기뻐했고 그 보람 때문에 더 많은 헌금과 교무금이 봉헌되기도 했습니다.

그리고 3개월 동안에 나는 무려 20여 건의 혼인성사와 일반 혼례식을 집전했습니다. 추수철이 지나고 여유 자금이 있을 때 자식들의 혼사를 치르는 농촌 풍속 때문이기도 했고, 나의 방송 유명세(?) 때문에 외인들의 혼례 주례도 많이 했습니다.

그래서 짧은 기간에 주례 수입도 꽤 많았던 것 같습니다. 그 돈으로 대형 TV를 구입해서 사제관에 설치했습니다. 그 당시 재미있는 드라마가 저녁 시간에 방영되었는데 아마도 내가 가진 TV가 그 동네에서는 유일한 TV였던 것 같습니다. 어린이들이 내 방에 와서 영화 보듯이 재미있게 TV를 시청했습니다. 나중에는 믿지 않는 학생들까지 와서 3, 40명이나 시청하게 되었습니다.

"학생은 좋은 부모님을 둔 것 같고 학교에서 공부도 잘하는 모범생인 것 같구나. 신부님 방에 들어올 때마다 늘 공손하게 인사를 잘하는 것을 보니……"

하루는 TV 드라마가 끝나고 학생들이 귀가하기 전에 한 학생을 세워두고 공개적으로 칭찬을 했습니다. 그랬더니 그 다음날부터는 더 바빠지게 되었습니다. 40명으로부터 마흔 번이나 일일이 인사를 받느라 오히려 곤욕을 치를 정도였습니다.

한 달이 지나고 나니 마을 사람들로부터 자녀교육을 잘 시켜주셔서 너무 감사하다는 인사를 많이 받았습니다. 학생들이 길에서 동네 어른들을 만나면 인사를 공손히 잘했기 때문이었습니다. 어느새 동네에 따뜻한 인정이 넘치고 어른들을 잘 섬기는 모범적인 동네로 바뀌어져 갔습니다.

거제도의 율포 공소에 갔을 때의 일입니다. 그곳은 비록 가난한 어촌마을이었지만 그분들의 마음과 신앙만은 부자들보다 더 풍성한 모범적인 신앙의 터전을 마련하고 있었습니다.

항상 신자들을 내 가족처럼 돌보시는 성인(聖人)과 같은 공소의 회장님. 그분은 본당 신부가 온다는 소식을 듣고 방문 이틀 전부터 생업을 중단하면서까지 기쁜 마음으로 준비하고 있었습니다.

심지어 당일에는 부두까지 나오셔서 마치 나를 예수님처럼 반갑게 영접했고 공소에 가서는 나를 아랫목에 앉혀두고 큰절을 했습니다. 내 큰 형님뻘 되는 연세임에도 불구하고 너무나 공손하게 대하는 모습을 보고 몸 둘 바를 몰랐습니다.

남녀노소 누구나 할 것 없이 한 분 한 분씩 돌아가면서 큰절을 했는데 나중에는 내가 허리가 아파서 혼이 났던 기억이 지금도 잊히지 않습니다. 더욱이 연세가 많으시고 몸이 아프신 할머니 할아버지를 회장님이 직접 업어서 공소에 모셔오는 그 모습은 지금 생각해도 한 폭의 수채화처럼 아름답기만 합니다.

비록 1박 2일간의 짧은 시간이었지만 나는 그곳에서 참으로 오랜만에 '사람 냄새'를 마음껏 맡을 수 있었습니다. 그동안 부산에서 사람으로부터 돈 냄새나 권력 냄새를 맡고 길들여진 내게는 그야말로 신선한 충격으로 다가왔습니다. 평생 잊지 못할 추억들이 지금도 눈앞에 보이는 것처럼 생생합니다.

이처럼 아름답고 멋있는 신앙 공동체도 있다는 사실에 뜨거운 감동을 받았습니다. 성인 같은 회장님은 그 동네에서 절대적인 권위를 발휘하고 있었습니다. 그것은 회장님의 인간적이고도 헌신적인 봉사에서 오는 하느님의 선물임이 틀림없었습니다. 앞으로 내 사제생활도 공소 회장님처럼 되었으면 좋겠다고 생각했습니다.

그 회장님의 나룻배를 타고 가배 공소에 갔습니다. 조그마한 부두가 다가올수록 제 눈을 의심했습니다. 마치 옛날 영화의 한 장면처럼 갓을 쓰고 흰 두루마기를 입은 동네 어른들이 손을 흔들면서 정말 반갑게 환영해주었습니다.

"신부님, 참 잘 오셨습니다. 신부님이 오시는 날은 우리 동네의 큰 잔칫날입니다. 그래서 이곳의 고유한 음식인 호박시루떡도 정성스럽게 마련했는데, 어제 저녁에는 몇 년 만에 5, 60근이나 되는 커다란 멧돼지가 공소 뒷산에서 잡혔습니다. 천주님께서 주신 이 멧돼지와 막걸리까지 준비해서 잔치 준비를 하고 있습니다."

1박 2일의 가배 공소 일정은 어떻게 지나갔는지 모를 정도였으며 추억거리가 많습니다. 그 공소에서 임진왜란 때 만들어졌다는 교적을 본 기억이 있는데 그야말로 너무나 행복한 순례였습니다.

이렇게도 오염되지 않은 신앙 공동체를 사제생활 초기에 만나게 해주신 하느님의 섭리가, 사제생활 노년에도 다시 한 번 이어지기를 간절히 기도드립니다.

왜 이렇게 변질되었는지

"**신부님, 공동체가 마치** 친형제처럼 친밀하고 다정하게 살고 있는 게 정말로 신기합니다."

80년대 중반이었습니다. 데이톤 공동체를 보고 한 개신교 장로님이 나에게 던진 말씀이었습니다. 그래서 내가 말했습니다.

"제가 보아도 놀라운 일입니다. 마치 초대교회 신자 공동체(사도행전 2, 43-47)와 유사한 것 같습니다."

그곳은 신자들 대부분이 국제결혼한 자매님이고 의사 몇 분과 교수 한 분, 전문직 종사자 몇 분인, 30여 명 정도의 아주 작은 천주교 공동체였습니다. 그곳 신자들 사이에는 인간적인 차별이 없었습니다. 상대의 약점이나 아픔이 오히려 서로 사랑해야 할 이유이자 위로가 되는 그런 곳이었습니다. 친교 모임이나 초대받은 가정에서 식사할 때

나 미사참례 때는 정말 혈육이나 친형제보다 더 진한 형제애가 느껴질 정도였습니다.

내가 직접 사목하는 신시내티 공동체는 공소인 데이톤(오하이오)과 비슷한 공동체이지만 한 가지 특이한 현상이 있었습니다. 바로 이 성서 말씀이 살아 있었기 때문입니다.

"그들(몇 분의 예언자)은 다시 단식하며 기도를 하고 나서, 그들(바르나바, 바오로 사도)에게 안수를 해주고 떠나 보냈다."(사도 13, 3)

그즈음 나는 한 달에 한 번은 본당을 떠나 해외나 미주에서 피정을 지도하고 있었습니다. 피정을 떠날 때 나는 공동체에 부탁을 합니다. 이번 복음 선포 기간 중에 기도해 달라고, 그리고 지금 안수를 해주시면 고맙겠다고. 그렇게 말하고 그들 앞에 꿇어앉습니다. 그러면 대부분의 신자들이 진심어린 기도를 하고, 그 가운데 몇 분은 나에게 안수를 정성껏 해주시고 울먹이면서 예언 말씀도 해주십니다. 그리고 그들의 마음을 영적으로 간직하고 나는 현지로 떠나갑니다.

피정을 마치고 돌아올 때, 가끔은 작은 선물도 하나씩 사오기도 하지만, 그것보다 더 중요한 일은 계속 기도하고 있을 공동체의 형제자매들을 만나 복음 선포 현장에서 일어난 일들을 보고하는 것이었습니다. 나를 파견한 공동체에 대해 현장에서 일어난 어려움 극복, 피정 과정, 결과와 특이한 사건, 그리고 은혜로웠던 일들을 말씀드리면서 다양하고 풍성하게 은혜를 베푸시는 하느님께 감사와 찬미의 시간을 갖는 것이었습니다. 이런 일들이 반복되고 거듭되면서 나와 공동체는 성장해 갔습니다. 5, 6년이 지나면서 이 신시내티의 작은 공동체가 '성령의 메카'로 알려지고 전 미주의 봉사자가 몰려오기 시작했습니다.

그러나 이 공동체에도 성장의 아픔이 다가왔습니다. 그때 우리는 시련과 성장의 한계 상황을 극복하기 위해 영적 프로그램을 실시했습니다. 즉 한 달에 한 주일은 모든 교우들이 피정의 집에 모였습니다. 'Love Land'라는 동네의 한 농장 안에 있는 허술하지만 소박한 장소였습니다. 4~5개월 피정을 하는 동안 놀랍게도 우리 공동체는 공동체로서의 한계 상황을 벗어나 도약하는 모습으로 발전해갔습니다.

그런데 이 프로그램이 진행되는 기간 중에 뜻밖의 사건이 이 지역 개신교에서 일어났습니다. 우리가 피정하는 주일마다 5개의 예배당에선 특이한 행사들을 하는 등 비상사태가 벌어진 것이었습니다. 왜냐하면 성당의 피정에 참가했던 열성적인 신도들이 자연스럽게 가톨릭으로 개종을 했기 때문입니다.

결론적으로 한 개의 예배당이 문을 닫았고 담임목사님이 슬픔 속에 예배당을 떠났다는 소문까지 들었습니다. 그곳의 창설 집사와 장로님은 우리 성당에서 세례를 받고 큰 집에 온 기분으로 기쁘게 생활하게 되었지만, 본의 아니게 고통을 준 그 목사님께는 지금도 죄송하게 생각합니다.

"신부님, 옛날 우리 신앙 공동체는 〈사도행전〉의 이 말씀처럼 생활했었는데 지금 우리가 보는 교회는 너무나도 다른 것 같습니다. 마치 로마제국을 닮은 것 같고, 너무나 제도적이고 계급적이며 심한 차별을 느끼게 합니다. 초대교회와 신시내티, 데이톤의 공동체가 원래 교회의 참모습이 아닙니까?"

모국 방문차 한국에 온 옛 친구가 슬픔 가득한 어조로 추궁하듯 물었습니다.

"글쎄요, 저에게도 형제님보다 더 큰 갈등이 있습니다……."

"신부님, 이래도 되는 겁니까? 봉사하기 위한 직분(본당 신부, 주교, 교구장, 추기경, 수도자)이 권력의 도구로 세속화되었고, 권력과 돈이 없이는 봉사하기도 아주 힘든 교회가 되었습니다."

"신부님, 가톨릭 홍보 매체인 주간 신문이 주교님 한 분이 탄생했다고 계속 몇 주를 5단광고로 많은 지면을 장식하고 있으니, 이게 무엇입니까? 주교가 무슨 대단한 권력의 소유자인 것처럼……. 이런 일련의 일들이 상업주의에 편승해서 교회를 세속화해 가고 있는데, 기가 막히는 것은 당사자들인 주교님은 그런 자신의 광고에 대하여 아무런 거부감도 느끼지 않는다는 것인지……."

"형제님, 하느님께서도 한탄하시겠지만, 어찌 할 수 없는 일이겠지요. 예수회를 쇄신시키기보다는 작은 예수회를 만드는 것이 쉽다고 말하는 분도 있지 않습니까? 다 우리의 탓, 우리의 큰 탓이 아니겠습니까!"

Stage 7

고통은 영광의 산실, 시련

# 시련(1) – 깊고 어두운 골짜기

'나는 구원을 받을 수가 없다. 아무리 생각해도 내가 구원받을 가능성은 전혀 없다.'

이런 생각이 나를 지배하던 괴로운 시간이 있었습니다. 콜럼버스(오하이오)에서 2년간(1979~1981) 사목활동을 하는 중이었습니다. 지리적으로 미시시피 강 상류지방이자 미 대륙의 큰 골짜기인 이곳 오하이오 골짜기에서 나는 그 지형만큼이나 깊은 내적인 시련을 겪었습니다.

기도를 열심히 하면 할수록, 고해성사를 보면 볼수록 지난날의 실수와 실패, 배신, 갖가지 잘못한 일들이 선명하게 떠올랐고, 죄의식에까지 휩싸이면서 마음의 안정을 찾을 수가 없었습니다. 나 스스로 벗어나기 어려운 상태가 지속됐고 나는 혼자 있는 시간이면 곧잘 울고 있었습니다.

한 번은 기도회 도중에 눈물이 쏟아지는데 감당하기 힘들 정도였습니다. 나는 눈물이 흘러내리는 대로 그냥 두었습니다. 나중에는 눈물에 콧물까지 흘러 수단 앞자락이 엉망이 되는 것도 몰랐습니다. 어떤 봉사자가 내게 다가와 더러워진 옷을 닦아주면서 기도하는 소리를 듣고서야 어렴풋이나마 의식을 회복할 수가 있었습니다.

그 2년 동안 내 구원관은 뿌리까지 흔들렸습니다. 나는 아무리 해도 구원받을 수 없다. 내가 구원받지 못한다면 살아야 할 의미가 무엇인가. 살아야 할 당위성이 없는 데도 나는 살아 있고, 남이 보는 앞에서는 그럴듯하게 거룩한 체 하면서 행동하고 말을 해야 하다니. 이런 모순된 삶을 사는 것이 사제로서는 여간 고통스러운 일이 아니었습니다.

그러나 그 즈음 나의 사제생활은 무의미했지만 내 사제성소에 대한 믿음은 변함이 없었습니다. 극심한 내적 갈등 속에서도 사제의 삶을 떠나야겠다는 생각은 결코 하지 않았고, 또 할 수도 없었습니다. 이런 신념 때문에 시련의 깊고 험한 골짜기를 나는 어렵게나마 벗어날 수 있었습니다.

지금 생각하니 그것은 '영혼의 암야'였던 것 같습니다. 짙은 구름으로 하늘이 가려졌지만 구름 위에는 변함없이 찬란한 태양이 빛나고 있다는 희망만이 오로지 나를 지탱해주고 있었습니다. 결국 흔들리지 않은 사제성소가 나를 그 골짜기에서 건져주었고, 나의 정체성을 회복시켜주었으며, '신시내티'로 갈 때는 그 어느 때보다도 주님의 현존을 생생하게 체험하면서 생기차고 활력 있는 사제의 삶으로 변화되어 있었습니다. 그전의 고통보다 몇 배나 더 큰 은총을 입고 노래하면서 하루하루를 감사하면서 살게 되었습니다.

시련(2) – 어찌하여 버리셨나이까

　　　　　어느 날 아침 일찍 일어나 성당 마당을 산책하는데 저 멀리 동쪽 하늘에서 새까만 새들이 떼를 지어 내가 있는 쪽으로 날아오고 있었습니다. 그 모습이 너무나 인상적이었습니다.
　'다양한 사탄의 무리들이 나를 공격하려고 다가오고 있구나. 내가 구마를 많이 해서 떠나갔던 사탄들이 작당해서 무리지어 나에게 공격을 하는구나.' 하는 생각이 들었습니다. 뭔가 불길한 느낌이었습니다.
　하지만 한 주, 두 주가 지나도 사탄의 공격은 전혀 없었습니다. 그런데 내가 우려했던 것과는 달리 사탄은 아주 교묘하게 나를 공격해 오고 있었습니다. 신앙생활을 열심히 하는 아름다운 여인을 통해서 사탄은 아주 그럴듯하게, 거룩한 탈을 쓰고 내게 접근해왔습니다. 그 과정은 설명하기가 힘들지만, 내가 유혹에 사로잡히고 난 뒤에야 내가 악령의 계획과 소행에 말려들었음을 증명하는 갖가지 현상들이 나타났습니다.

그토록 열심이던 여자의 어머니의 언행, 그것을 듣고 많은 신자들, 특히 평소에 나를 존경하고 사랑하던 교우들의 돌변한 태도, 더군다나 분별력이 있다는 분들의 앞뒤를 가리지 않는 비난 등은 그야말로 상식과 정도를 훌쩍 넘어선 것이었습니다. 더욱이 기가 막히는 일은 동료 사제들마저 외면했고 나를 보호해야 할 주교님들이 나를 저버리는 정말 참기 어려운 고통을 당해야 했습니다.

급기야 내 입에서 "나의 하느님, 나의 하느님, 어찌하여 나를 버리셨나이까?"라는 예수님의 말씀이 터져 나왔습니다. 십자가에서 성부 아버지께 고통을 당하며 절규하신 예수님의 마음을 조금은 이해할 것 같았습니다. 세상이 나를 버리는 것은 참을 수 있지만 교회가 나를 고통 속에 버려둔다는 것은 진정 숨 막히는 고통이었습니다.

나는 떠나지 않을 수 없는 상황 속에서 트라피스트 수도원으로 피신했습니다. 2주일 정도 수도원에서 생활하다가 수도원 문을 나설 때였습니다. 나도 모르게 "산돌이 되어라. 집짓는 자들이 버린 돌이 새로운 주님의 집을 짓는 모퉁이 돌이 되어라. 살아 있는 돌이 되어라."라는 성서말씀을 중얼거리고 있는 것이었습니다. 나는 놀랐습니다. 그리고 내게 들려주신 그 말씀에서 나는 힘을 얻었습니다. 그 힘들었던 시련의 고통이 성숙의 은총이 되었습니다.

이런 시련을 거치면서 나는 많은 것을 배웠고 잃은 것보다 얻은 것이 훨씬 많았습니다. 진정으로 감사하게 생각하는 것은 이런 시련들이 내 삶에서 소중한 보약이 되었다는 것입니다. 또 고통보다 더 위대한 스승은 없다는 것을 현실적으로 터득했다는 것입니다.

그리고 사람들은 누구나 남의 충고는 잘 듣지 않지만, 고통 앞에서는 자신과 현실을 겸허하게 받아들이고 순응하게 된다는 것입니다. 그래서 고통은 또 다른 은총이란 것도 알게 되었습니다.

무엇보다 나는 이 시련을 통해, 성령께서 미리 알려주신 당신의 뜻을 따르지 않을 때 그 들려주신 말씀을 실천하도록 고통을 이용하신다는 것도 깨달았습니다. 그 당시 나는 봉사자 회의의 마지막 미사 때 "떠나라."(루가 9, 5)라는 강력한 복음을 선포한 적이 있었습니다.

나 스스로 충격을 받았던 이 말씀 선포가 있고 한 달이 지났지만, 나는 지체 말고 이곳을 떠나라고 명하시는 주님의 말씀을 행동으로 실천하지 못했습니다. 사제의 인사이동은 주교님의 협의가 있어야 하고 국내와 해외의 거리 문제도 걸림돌이었으며, 본당의 교우들에게도 최소한의 시간적 여유가 필요했기 때문입니다.

그러나 나는 이 일을 통해서 주님의 말씀은 지체 없이 실행되어야 함을 체험했습니다. 용기와 분별력이 필요했고, 인간적인 체면이나 개인적인 이해득실, 인간적인 일의 순서보다도 모든 일에 하느님이 우선되어야 함을 가슴 깊이 새기게 되었습니다. 즉시 말씀을 실천해야 하는데……

시련(3) – 사제서품 보류

"부제님은 사제서품이 보류되었습니다. 대구 주교님한테 가면 이유를 설명해 주실 것입니다."

청천벽력이었습니다. 당시 학장이셨던 한공렬 신부님이 내게 한 말씀입니다. 사제서품을 준비하기 위해 피정도 마친 상태였습니다. 본당에서는 한 달 후에 있을 사제서품 축하잔치도 준비 중이었고 초청장도 발송했고 기념 상본도 준비되어 있었습니다.

"너는 너무 건방지고 말을 함부로 해, 고생을 좀 해야 하니 논산훈련소에 가는 것이 좋겠다."

서정길 대주교님이 흥분해서 나를 꾸짖으셨습니다. 아무 말도 못하고 물러나와 내가 무엇을 잘못했나 곰곰이 생각했습니다. 한 주일이 지나자 내가 방학 때 본당에서 생활하면서 했던 농담이 생각났습니다. "만약 내가 신부가 된다면 엄지손가락에 장을 지지지. 절대로 나는 신부가 되지 않을 거야."라고 말했던 것입니다. 농담치고는 지나쳤다는 것을 뒤늦게 깨달았습니다.

그때 나를 은근히 좋아하던 노처녀 선생님이 이 말을 들었는데, 아마도 내게 애인이 있어서 그런 말을 하는 줄로 착각하고 본당 신부님에게 고자질을 한 것입니다. 이것이 화근이 되어 교구청에서 조사위원이 현장에 와서 조사하고 회의도 했다고 합니다. 당시 본당 신부님과 협의해서 내린 결론은 실제로 사제가 되는 데 결정적인 결격사유는 없지만 '말을 함부로, 농담을 지나치게' 하는 것은 사제의 신분에 적합하지 않다는 것이었다고 합니다.

잘못을 깊이 뉘우치면서 나는 집에 돌아왔습니다. 추운 겨울이었지만 나는 매일 성당 바닥에 초를 칠하고 광택이 나도록 닦고 또 닦았습니다. 유리 창문까지 청소하면서, 보속하는 마음으로 한 달을 지냈습니다.

"왕 부제님, 본당에 가서 우리와 함께 지냅시다."

나는 대구 삼덕동 성당에 가서 움막 같은 집에 기거하면서 성당 청소도 하고 예비자 교리반을 맡아서 열심히 했습니다. 본당 신부님이 내가 하는 교리반을 좋게 평가해주었고 나도 재미와 보람을 느꼈습니다. 말씀을 전하고 신앙을 심어주는 예비자 교리반은 사제로서 미사와 고해성사를 집전하지 못하는 안타까움을 잊어버릴 만큼 나에게 커다란 기쁨이었습니다. 그만큼 예비자 교리반은 내가 전념할 수 있는 좋은 몫이었습니다.

'양키시장'과 '칠성시장'의 시장 교리반을 만들어 직접 찾아가서 가르쳤고 '수성동 공소'에 노인 교리반까지 개설해서 한 주간에 24시간 정도 교리를 가르쳤습니다. 그렇게 말씀 속에서 힘든 시련의 시기를 극복할 수 있도록 놀랄 만한 새 지평을 열어주신 성령께 다시 한 번 감사드립니다.

1년 후에는 부산의 최재선 주교님이 불러서 부산 교구로 이적했습니다. 진해 중앙 성당에서 3년 동안 재임하면서 '중앙시장' 교리반과 '도만동 관사'의 소령, 중령(해군)들을 대상으로 한 교리반도 성실하게 또 재미있게 했습니다. 본당에서는 고등학생 교리반을 성공적으로 마쳐서 많은 수의 진해여고 학생들이 세례를 받았습니다. 마치 교회가 운영하는 학교처럼 각 반마다 우수학생의 반 이상이 세례를 받았고 성당에 다니는 것이 자랑거리가 될 정도였습니다.

신학교 동기들보다 몇 년이나 늦었지만, 내가 1965년도 사제서품을 받고 범일 성당에 부임해서 예비자 교리반을 개설했을 때 시련 가운데 축적된 경험과 능력은 엄청난 결과로 나타났습니다. 1,000여 명의 예비자가 몰려왔는데 첫 날은 반 편성하고 기록한다고 교리를 가르치지 못할 정도였습니다.

구호물자도 끊기고 전교 황금기가 지났다고 교회 안팎에서 결론지었던 때였지만 이곳 범일 성당의 예비자 교리반을 보고는 전교의 황금어장은 아직도 살아 있고, 하면 얼마든지 가능하다는 새로운 인식을 하게 되었습니다.

그렇게 3년 동안의 시련 속에서 나는 내 일생을 통해 간직해야 할 교훈을 얻었습니다. 그 하나가 '사제가 농담은 할 수 있지만 절대로 한계가 있다.'는 것입니다. 그리고 시련 후에 주시는 기쁨과 영광은 비교도 되지 않을 만큼 크고 은혜로우며, 시련은 그 자체로 은총이라는 교훈을 가슴 깊이 새기게 되었습니다.

"그러므로 기뻐하십시오. 여러분이 지금 얼마 동안은 갖가지 시련을 겪으면서 슬퍼할 수밖에 없겠지만 그것은 여러분의 믿음을 순수하게 만들기 위한 것입니다. 결국 없어지고 말 황금도 불로 단련을 받습니다. 그러므로 황금보다 훨씬 더 귀한 여러분의 믿음은 많은 단련을 받아 순수한 것이 되어 예수 그리스도께서 나타나시는 날에 칭찬과 영광과 영예를 차지하게 될 것입니다."(베드로전서 1, 6-7)

04 세 번째 쓰러짐

　　2008년 4월 22일 목요일, 울산광역시 우정 성당에서 반장·구역장 60여 명의 1일 피정이 있었던 날입니다. 첫 번째 가르침을 위해 말씀을 전하고 있던 내가 강론대에서 넘어지고 말았습니다. 말씀의 결론을 내리기 위해 "하느님의 사랑은 어머니의 사랑 몇천 배보다 더 좋고 귀합니다."라고 말하던 순간 내가 그만 강론대에서 쓰러지면서 혼절하고 말았던 것입니다.

　나중에 들은 얘기로는, 나는 쓰러진 직후 침을 통해서 혈을 터주는 응급처치 덕분에 5분 만에 혼절 상태에서 깨어났다고 합니다. 하지만 정신이 혼미한 상태였고, 119구급차에 실려 20분 거리에 있는 남창의 보람병원에서 응급조치를 받은 후, 다시 한 시간쯤 뒤에 부산 메리놀병원 응급실로 옮겨져 응급조치와 함께 CT 촬영을 했습니다. 내가 정신을 차린 건 일반 병실로 옮겨진 지 30여 분이 지나서였다고 합니다.

4일간 입원하면서 심장을 비롯한 각종 검사를 한 결과, 누적된 과로가 원인이었다는 진단을 받았습니다. 지난 3개월 동안 책을 내기 위해 녹음 작업과 원고 정리에 신경을 많이 썼고, 봄이 되면서 매일 밭에서 네 시간 정도 중노동을 한 것이 직접적인 원인이었던 것입니다. 의사는 MRI 진단 결과 심장에도 간접적인 원인이 있다고 설명했습니다.

"신부님, 오래전에 쓰러진 적이 있지요? 소뇌에 신경경색이 나타나 있습니다. 여기에 있는데 제법 큰 것입니다."

신경과 과장이 MRI를 보면서 내게 물었습니다.

"예, 25년 전에 교통사고로 쓰러진 적이 있습니다."

순간 지난날의 기억이 떠올랐습니다. 아마 1983년쯤 신시내티에 있을 때인 것 같습니다. 3월 초순이었고 사순시기였습니다. 부활을 잘 준비하기 위해 사순절 동안 미사 전에 40분 정도 강의했고 교리를 마친 후 10분 휴식하고 미사를 봉헌했습니다. 그리고 간단한 점심을 먹고 서둘러 데이톤(오하이오)에 가서 그곳에서도 다시 40분 교리 강의 후 미사를 봉헌하고 친교 시간을 가진 후 간단한 저녁식사를 마치면 한 시간 정도 고속도로를 달려 신시내티로 돌아오는 것이 매주 반복되는 나의 일과였습니다.

그날 데이톤으로 가는 고속도로를 시속 100킬로미터로 달리던 내 승용차가 잔설이 남아 있던 다리 위에서 갑자기 다리 난간을 박고 튕겼습니다. 조수석에 있던 나는 승용차 앞 유리에 머리 부분을 부딪치면서 운전하던 분과 함께 혼절하고 말았습니다.

"신부님, 나 한국 갔다 온 목사입니다. 알렐루야. 신부님, 정신 차려요. 알렐루야."

한국말로 큰 소리로 말하는 목소리에 눈을 떴습니다. 정신을 차렸지만 시간이 얼마나 지났는지 알 수 없었습니다. 사고 난 내 차를 발견한 목사님이 우리를 깨운 것입니다.

잠시 후 승용차 문을 열고 나가 소변을 보고 다시 차 안에 앉아 있는데 "꽝" 하는 소리와 함께 우리 차는 다시 한 번 크게 튕겼습니다. 얼음에 미끄러진 다른 차가 목사님 차에 충돌했고 목사님 차가 내 차를 추돌하면서 나는 그 충격으로 다시 정신을 잃어버렸습니다.

어슴푸레 들리는 앰뷸런스 소리에 눈을 떠보니 큰 병원으로 들어가는 듯했고 다시 정신은 희미해졌습니다. 얼마 후 한국말 소리와 함께 우는 소리가 들렸습니다. 데이톤 신자 대여섯 분이 내 침대 옆에 와 있었습니다.

"신부님이 눈을 떴다. 신부님, 저 알아보시겠습니까?"

"예수님은 거룩하게 죽었습니다."

깨어나면서 내가 말한 첫마디였습니다. 그 주일에는 예수님의 수난과 죽음에 대해 말씀을 나누었고, 그날 말씀의 요점은 '예수님의 죽음은 거룩하다.'는 것이었습니다.

누워 있는 내 손에는 종이 달린 십자가가 꼭 쥐어져 있었습니다. 내 말을 들은 교우들은 어처구니가 없다는 표정이었고 다시 우는 사람도 있었지만 병원 측에서는 집에 가서 며칠 요양하면 좋겠다는 의견뿐 그 사건은 비교적 가볍게 끝났습니다.

내가 큰 상처 없이 빠르게 건강을 회복할 수 있었던 것은 물론 주님의 특별한 보살핌 덕분이었습니다. 주님께서는 죽음의 위험에서 나를 살리셨던 것입니다.

그때 나는 '앞으로의 내 삶은 덤으로 사는 것이다.'란 생각이 강하게 들었고, 내게 허락하신 나머지 시간을 주님을 위해 살기로 새삼 다짐했습니다. 그 사건은 분명 내 삶의 특별한 선물이었으며, 그 후 내 삶은 굉장히 은혜로운 나날로 이어졌습니다.

그즈음 내가 있던 신시내티에는 성령쇄신 운동의 구심점이 되어 성령 체험을 바라는 사람들이 구름처럼 모여들었고, 성령 세미나가 열릴 때마다 한 달 전에 신청을 마감할 정도였습니다. 또 전 미주의 봉사자들이 찾아와 교육을 받고 충실한 봉사자로 거듭나는 봉사자 양성 프로그램도 활발하게 진행되고 있었습니다. 그래서 가끔은 "그때 내가 죽었더라면 바로 천당 갔을 텐데……." 하고 우스갯소리를 할 정도였습니다.

이번에 쓰러진 후, 나는 조용히 쉬면서 묵상했습니다. 내가 쓰러진 사건의 의미는 무엇인가, 그 사건 안에는 하느님의 어떤 뜻이 있었는지 알게 해달라고 나는 기도했습니다. 그리고 혼절한 지 13일 만에 주님께서는 내게 그 의미를 깨우쳐주셨습니다.

첫 번째 쓰러짐은 복음을 전하러 가다가 일어난 사건이었고, 두 번째는 복음을 전하는 현장에서 하느님의 사랑의 위대함을 선포하면서 쓰러졌습니다. 그렇다면 나의 세 번째 쓰러짐은 언제 어떻게 일어날 것인가?

　복음의 중심인 성체·성혈을 축성하면서 쓰러질까.

　아니면 성체를 분배하다가 쓰러질 것인가.

　내 심령 안에서는 13년이나 15년 후가 될 것이라는 말씀이 울려오고 있습니다.

　오래전에 나는 일기장에 이렇게 쓴 적이 있습니다.

　"주님, 제가 복음을 전하는 현장에서 주님께로 갈 수 있다면 더없는 복으로 믿겠습니다."

　지금 나는 생의 끝을 향한 길을 걷고 있습니다. 그 길은 주님께로 가까이 가는 길입니다. 내가 가는 그 길이 주님께서 걸어가신 길과 닮아 있다는 확신이 있어서 지금 나는 참 행복합니다.

　나는 요즘 이런 기도를 바치고 있습니다.

　"나를 믿지 않게 해주시고, 한순간에 나는 이 세상에서 흔적도 없이 사라질 하찮은 존재임을 마음 깊이 새기게 해주옵소서. 나의 능력, 가치관, 경험, 내가 아는 모든 것을 버리고 포기하게 해주십시오. 이제는 주님으로 저를 채워주십시오. 내가 사는 것이 아니라 그리스도 예수님이 내 안에서 온전히 살게 해주십시오. 주님의 능력으로 봉사하고 주님의 모습으로 살면서 아버지의 뜻을 양식으로 삼아서 살아가도록 당신의 성령으로 도와주십시오. 성령과 하나 되어 예수님 사랑을 노래하도록 예수님의 이름으로 간절히 비나이다."

Stage 8

사목 현장에서 만난 주님

01 가르치는 것을 '그대가 실천하라'

1974년 워싱턴 D.C.에서 한인 교회를 처음 시작할 때 일입니다. 그곳 오블레이트 수도원이 운영하는 단과대학의 성당을 한인 교회로 빌려 썼습니다. 미국 수사님들이 한국인을 위해 오전의 좋은 시간을 허락해주어 거기서 미사를 드렸습니다.

미사를 마치면 교포 신자들은 한 시간 정도 지하실에 가서 커피와 간식을 들며 정담도 나누고 비즈니스나 교민 생활에 필요한 정보도 교환하면서 이민자들의 어려움과 고단함을 달래곤 했습니다. 그들이 좋은 시간을 보내고 돌아가고 나면 나는 그때부터 일을 합니다.

여기저기 흩어져 있는 담배꽁초를 줍기도 하고 장궤틀 밑에 박혀 있는 기저귀도 빼내고, 아이들이 벽에 그린 낙서도 지우는 일을 한 시간 정도 하는 것이 어김없는 내 일과였습니다. 몇 달을 그렇게 하다

보니, 본당 사목위원들이 거들기 시작했습니다. 또 몇 개월이 지나자 많은 신자들이 참여해서 청소도 하고 성당 주변을 깨끗이 정리하고 돌아갔습니다. 그때부터 공동체가 소리 없이 질서를 유지하면서 서로를 아껴주었습니다. 공동체 안에 함께 계시는 하느님을 만나게 되고 공동체의 소중함을 신자들 스스로 깨닫고 있었던 것입니다.

1981년 7월에 부임한 오하이오 주 신시내티 공동체에 있을 때입니다. 주일미사를 위해 성당을 찾은 신자들이 마당에서 만나 안부를 묻고 얘기를 하느라 미사 시작 때까지 성당 안에 들어오는 사람이 거의 없었습니다. 그래서 나는 미사 시작 15분 전에 들어와서 기도하고 그날의 말씀도 묵상하고 미사를 봉헌하라고 당부했습니다. 그러면 한 3주 정도는 잘 따라줍니다. 그러다 어느새 지켜지지 않는 횟수가 늘기 시작하고 3개월쯤 지나면 예전처럼 되돌아가고 맙니다.

"성당에 오면 예수님과 성모님께 먼저 인사드려야 하지 않겠습니까? 형제자매들과의 인사는 미사 후에 나누시기 바랍니다." 하고 다시 한 번 부탁을 해도 몇 주가 지나면 까맣게 잊은 듯 실행되지 않았습니다.

생각 끝에 내가 솔선수범하기로 했습니다. 10시 미사였는데 9시에 성당에서 기도했습니다. 미사 30분 전에 고해소에 들어갔습니다. 거기서 성무일도를 바치면서 신자들을 기다렸습니다. 3주 정도 지나니까 대여섯 분이 성당에서 조용히 앉아 있었습니다. 3개월 정도 지나니 3, 40명이 독서 말씀을 읽거나 묵상하고 있었습니다.

그 일을 계기로 나는 언제나 교회 공동체는 그 책임자와 성실한 지도자, 봉사자들의 모범과 희생을 요구하고 있음을 자각했습니다.

교회 공동체 안에서 책임자와 지도자가 어떤 자세로 살아야 하는지, 몇 사람의 희생적이고 솔선수범하는 자세가 공동체의 내적 변화에 얼마나 영향을 미치는지 그때 다시 한 번 크게 느꼈습니다.

예수님께서도 제자들에게 말씀하셨습니다.

"나는 너희가 있을 곳을 마련하러 간다. 만일 거기에 있을 곳이 없다면 내가 이렇게 말하겠느냐? 가서 너희가 있을 곳을 마련하면 다시 와서 너희를 데려다가 내가 있는 곳에 같이 있게 하겠다."(요한 14, 2-3)

그 후 사도들은 고난의 십자가를 지고 인류를 위해 희생 제사를 드린 예수님의 뒤를 따라 순교했습니다.

나는 그동안 사제생활의 좌우명으로 생각해왔던 〈디모테오〉 4장의 말씀을 재차 깊이 묵상했습니다.

"그대가 발전하고 있음을 다른 사람들이 인정하도록 살아가십시오. 그대가 가르치고 있는 것이 무엇이든 그대가 솔선수범해서 먼저 하십시오. 그대가 가능하지 않고 실천하기 힘든 것은 애당초 신자들에게 말해서는 안 됩니다. 그대가 먼저 실천하면 그 말을 듣는 사람들과 그대 자신이 구원의 길로 나아갈 수 있습니다."

마치 사도 바오로께서 지금도 내 앞에서 큰 목소리로 말씀하시는 듯했습니다.

"이 직무에 전념하고 정성을 다하시오. 그리해서 그대가 발전하고 있음을 모든 사람이 보고 알 수 있게 하시오. 그대 자신을 조심하고 그대의 가르침의 내용을 잘 살피시오. 이렇게 꾸준히 일을 해 나가면 그대 자신을 구원할 뿐 아니라 그대의 말을 듣는 사람들을 모두 구원할 수 있을 것입니다."(1디모 4, 15-16)

새 예루살렘 공동체에서

　　　　　　이곳 '새 예루살렘 공동체'에 와서 6개월이 지난 어느 날, '내가 그동안 골프를 한 번도 치지 않았구나!' 하는 생각이 들었습니다. 놀랄 만한 일이었습니다. 골프는 근 30년 동안 제 건강을 지켜주는 유일한 취미이며 운동인데 그것을 끊어버린다는 것은 여러 가지로 힘든 일이었습니다.

　그러나 이곳에 와서 계속해서 정기적으로 골프를 친다는 것은 이곳을 찾는 사람이나 같이 사는 공동체와 잘 어울리지 않을 것 같았습니다. 더 나아가 걸림돌이 되지 않을까 생각해서 2, 3년 전부터 고민했습니다. 그런데 이곳에서 마음 편히 생활할 수 있도록 성령께서 자연스럽게 그것을 없애주셨습니다.

　귀국해서 5년 동안 초장 성당에 있을 때 아주 힘들게 모든 유혹을 끊어버리고 골프를 포기한 적이 있었습니다. 한 집에 30분 정도 시간을 내서 6개월 정도 가정방문을 했습니다. 초장동과 아미동 일대의 가난한 달동네 판잣집을 방문하면서 나는 결심했습니다.

'내가 이곳에서 골프를 하는 것은 죄악이다.'

그들에게 큰 아픔을 줄 수 있다는 생각 때문에 큰 결심을 하고 유일한 취미를 포기했습니다. 그러나 3년 후에 종합건강진단 결과는 운동부족으로 인한 '지방 간' 발생이었습니다. 그래서 대체 운동으로 선택한 것이 해 뜰 무렵 태종대를 일주일에 네 번 정도 산책하는 것이었습니다. 그 덕에 육체적인 건강은 물론 정신건강도 많이 좋아졌습니다. 신자들을 생각해서 시작한 작고 소박한 희생과 절제를 주님께서는 내 사목생활 전반에 걸쳐 많이 축복하여 주셨습니다.

하루는 '새 예루살렘 공동체'에서의 내 생활을 새삼 확인하고 놀랐습니다. '일하고 기도하는, 기도하며 일하는(Ora et Labora)' 생활에 어느새 내가 정착하고 있는 것을 발견했습니다. 그것에 맛들이며 아주 자연스럽게 적응하면서 이 생활을 감사하고 있는 자신을 느꼈습니다.

처음에 이곳에 와서 한 시간 정도 육체노동을 하고 나면 그 다음날은 온몸에 통증을 느꼈고 아침에 일어나는 것이 무척 힘들었습니다. 그러나 6개월이 지나면서 하루에 4~6시간 육체노동을 해도 아무런 문제가 없을 뿐 아니라 오히려 노동하는 근육이 형성되었습니다.

그야말로 밥맛이 꿀맛 같고 새참시간을 기다리기가 힘들 정도로 음식을 맛있게 먹을 수 있고 밤에는 그야말로 숙면을 취할 수 있었습니다다. '노동은 보약이구나!' 남을 위한 노동은 은총이라는 탄성이 저절로 나올 정도였습니다.

'나도 관상기도를 할 수 있고, 큰 분심 없이 4, 50분 정도 주님과 일치된 주님 현존상태를 유지할 수 있구나.'

내 기도생활도 이곳에 와서 날이 갈수록 더욱 더 심화되기 시작했습니다. 하루 중에 제일 정신이 수정처럼 맑고 빛나는 시간에 이곳 경당에 들어가면 즉시 주님의 현존을 강하게 느끼게 됩니다. 4, 5분 정도 향심(向心) 기도를 하고 있으면 아주 자연스럽게 성령은 관상기도로 저를 인도해주십니다.

관상기도를 하면, 평소의 생각이나 행동이 단순해집니다. 그리고 사건이나 일의 핵심에 쉽고 빨리 접근할 수가 있고, 삶의 우선순위가 분별되어 질서 있는 생활이 형성되는 것을 느낍니다.

이렇게도 좋은 기도생활을 왜 본당에 있을 때는 하지 못했을까 후회하면서 이곳에서 이 나이에 합당하게 베풀어주시는 주님의 은혜에 감사드립니다. 더욱 더 정진하여 주님께 보답하고 나에게 희망과 사랑을 보여준 이들에게 더 많은 기쁨을 드려야겠다고 다짐합니다.

"주님, 제가 당신을 너무 늦게 알게 되었습니다."(성 아우구스티노의 《고백록》 중에서)

 눈물의 이별

'워싱턴 D.C.가 내 맏아들이라면 신시내티는 애인과 같은 곳.'

그만큼 나는 신시내티 한인 성당에 중년 사제의 열과 성을 모두 쏟아서 아주 열정적으로 일했습니다. 그 결과 노력한 것보다 훨씬 더 풍성한 열매가 사제인 저에게 맺혔습니다.

불과 1년쯤 있다가 귀국할 예정이던 이곳에서 무려 6년이 지나서야 떠나게 되었습니다. 그동안 이곳은 나의 복음 전파의 전진기지가 되었고 전 미주, 캐나다, 남미까지 파견되어서 그야말로 복음 선포에 혼신의 힘을 다했던 곳입니다.

그 당시 내가 탄 비행기가 신시내티 공항 상공으로 진입할 때 나는 한참 전투 임무를 마치고 기지로 회항하는 전투 비행사의 심정이었습니다. 바오로 사도께서 복음 기지인 안티오키아로 돌아오는 기분이 이러했을까.

마치 전투하기 위해서 파견되었다가 무사히 귀환해서 편히 쉴 수 있는 곳, 그러므로 전투 상황과 피정 결과를 서로 나누는 공동체, 이 모든 것을 자기들의 소명이라고 받아들이는 공동체가 바로 신시내티에 있었습니다.

신시내티의 한인 성당은 주님의 은혜로 내가 창설했으며, 내 모든 정열을 아낌없이 다 바친 곳이었습니다. 미주 전역의 봉사자와 피정 참가자들이 구름처럼 몰려와서 하느님을 찬미하고 새로운 삶의 희망을 노래하던 곳이었습니다.

그리고 계속해서 무럭무럭 성장하고 이제 막 열매를 맺으려는 기운이 움트고 있을 무렵, 이곳을 '떠나라'는 강력한 주님의 뜻 앞에서 나는 심한 갈등을 겪었습니다. 천신만고 끝에 내가 낳은 공동체가 한창 고속도로를 질주하고 있고, 오히려 지난날들보다는 앞으로 더 많이 나를 절실하게 필요로 하는 이때 떠나라고 하시는 하느님의 섭리(?) 앞에서 한동안 어떻게 할 수가 없었습니다.

마침내 1977년 7월 오랫동안 정들었던 신시내티를 떠났습니다.

"인간의 정이란 참으로 더러운 것이구나. 그 사랑 때문에 한 사제가 울고 있다니……."

그때 나는 한 인간이었습니다.

나는 석양에 붉게 물든 노을을 바라보며 하염없이 울었습니다. 눈물을 흘리면서 "내 영혼을 아버지께 맡기나이다." 하시고 임종하셨던 주님의 고통을 오랫동안 묵상했습니다. 그리고 다시 사제로 돌아왔고, 인디애나폴리스에 도착했습니다.

"신부님, 골롬반을 떠나야 골롬반 사제로 살 수 있어요. 수도원을 떠나세요."

시카고에서 저녁 식사를 하다가 아일랜드 출신의 골롬반 신부에게 농담 반 진담 반으로 내가 말했던 화두였습니다.

"신부님, 나도 가톨릭을 떠나야 하겠습니다. 좋은 것, 거룩한 것을 버려야, 그리고 내가 알았던 하느님을 떠나야 비로소 더 좋으신 하느님, 더 순수한 자아를 만나게 된다는 것을 알았어요."

"신부님, 저는 떠나야겠습니다. 본당 일이 바빠서 지금 가보아야 하겠습니다. 미안합니다. 신부님도 떠나세요."

그러나 그 신부님은 내 말 뜻의 진의를 생각하기를 거부했습니다.

신시내티를 떠나서 예루살렘 성서학교에 입학했습니다. 몇 개월 동안 공부하면서도 신시내티를 생각할 때마다 늘 안절부절 못하는 내 모습은 마치 화롯가에 놓아둔 엿이나, 놀고 있는 어린애를 두고 온 어머니의 심정과 같았습니다.

그런데 1년 후 우연한 기회에 그곳을 방문했을 때 나는 깜짝 놀랐습니다.

"하느님이 하시는 일이 사람이 하는 것보다 훨씬 낫다."란 성경말씀은 진리였습니다. 내가 떠난 후 6개월까지는 많은 혼란과 어려움이 있었지만 1년이 지나면서부터 성숙한 공동체로 발전의 방향을 잡고 계속해서 성장하고 있었습니다. 인간이 아무리 능력이 있어도 하느님의 공동체를 섬기는 데는 한계가 있고, 하찮은 주님의 도구에 불과하다는 것을 아는 겸손이 필요했습니다.

"네가 가진 것은 물론이고, 너 자신마저 버리지 않으면 내 제자 될 자격이 없다. 자기 자신을 버리고 내 십자가를 지고 나를 따라와야 한다."
"주님, 살아가면서 버릴 줄 아는 지혜와 분별력을 주시옵고, 용기와 사랑으로 자신마저 주님 대전에 영원한 제물이 되게 하소서."

04 내게 주신 지혜의 은사

성령께서는 공동체의 발전과 그 공동체가 은혜로운 공동체가 되도록 개인에게 많은 은사들을 주십니다. 믿음의 은사, 지식의 은사, 지혜의 은사, 치유의 은사, 조직 관리의 은사 등등 여러 가지 은사를 주십니다. 이러한 은사들은 하느님께서 개인으로 하여금 공동체와 다른 사람들을 위해 봉사하도록 주신 것이기 때문에 이를 잘 활용하는 것은 곧 하느님께 영광을 드리는 일이기도 합니다.

오늘날 부산의 메리놀 병원이 크게 발전한 것을 보면서 주님께서 내게 주신 '지혜의 은사'를 다시 한 번 회상해봅니다.

1970년 어느 날, 당시 최재선 주교님을 찾아뵈었을 때 마침 서류를 보고 계시던 주교님이 "왕 신부, 참으로 고맙고 감사할 일이지요." 하시며 반색하셨습니다. 놀랍게도 메리놀 병원을 부산 교구가 인수하게 됐다는 것입니다. 6.25 전쟁 때 수많은 난민환자를 치료해준 메리놀 병원은 미국의 메리놀 수녀회가 운영하던 의료기관으로, 그 병원이 부산 교구 소속으로 인계된다는 것은 교구로서는 무척 큰 일이 아닐 수 없었습니다. 그것도 건물이나 기자재 등 병원과 관련된 모든 재산이 교구에 무상 기증되고 운영권도 완전 이양된다고 하니 얼마나 기쁘고 반가운 일이겠습니까.

"주교님, 어떤 절차를 거쳐 이양되었습니까?"

나는 궁금해서 여쭈었습니다.

"석 달 전에 총장 수녀님이 내한해서 이양 서류에 서명하고 식사 한 끼 하고 그리고 끝이 났지요."

이양 문제는 모든 게 순조롭게 끝났지만 병원 운영에 관한 제반 문제는 이제부터라는 생각이 들었습니다. 아니나 다를까 주교님은 이제 쿠터 미국에서 오던 약품이 모두 끊어지면 의약품 효능이 떨어지고 자칫 적자가 발생할 수도 있어 앞으로의 병원 운영이 문제라고 걱정하셨습니다.

"주교님, 순수하고 단순한 것도 좋지만 병원도 큰 사업인데 제대로 절차를 갖춘 품격 있는 인수식을 했으면 합니다. 한국전쟁 때의 피난민과 부산 시민들은 메리놀 병원이 베푼 의료 혜택을 지금도 고마워하고 있습니다. 그분들을 위해서라도 정상적이고, 또 홍보 차원의 인수식을 해야 합니다."

나는 대내외적인 홍보의 필요성을 강조했고, 주교님은 나의 제안을 흔쾌히 받아주셨습니다. 곧바로 준비위원회를 발족하고 구체적인 기획에 들어갔습니다. 첫 번째로 역점을 둔 것은 대외 홍보 문제였습니다. 부산의 유수한 언론기관의 책임자를 초빙해서 주교님과 만찬을 나누는 자리를 마련했습니다. 〈부산일보〉, 〈국제신문〉 편집국장들과 MBC, KBS 편성국장들이 오셔서 좋은 기회가 되었습니다. 그 자리에서 메리놀 병원의 한국 진출 목적, 진료한 환자 숫자, 미국 약품 사용량, 최신식 병원의 구조와 조직, 한국전쟁 피난민을 위한 무료 진료 실적 등을 설명했습니다.

특히 미국 메리놀 수녀회 소속 수녀님들의 20년간의 헌신적인 봉사활동을 브리핑했을 때 참석자들은 크게 감동하였습니다. 이어서 현장을 시찰했고 마지막 커피 타임에는 참석자들이 이번 인수이양식을 위해 각 언론사가 해줄 수 있는 홍보 방법, 지면 할애 등의 다양한 제안들을 스스로 해주면서 우리를 격려해 주었습니다.

면밀한 기획에 따라 성대한 이양식이 거행되었고, 부산의 언론기관들이 앞 다투어 다양한 내용의 보도로 메리놀 병원을 소개했습니다. 그 효과는 대단했습니다. 그 결과 바로 다음 달부터 병원은 적자에서 흑자로 돌아섰습니다. 남은 문제는 의약품이었습니다. 그 당시 미국 약품은 유일하게 메리놀 병원만이 갖고 있었습니다. 그러나 국산 약품을 사용하면 흑자를 지속하기 힘든 상황이었습니다.

돌파구를 찾던 중, 미국의 유수한 제약회사들 가운데 지난 10년간 기부 실적이 좋은 100여 개 회사를 선정하고 2,000여 명의 은인 명단을 작성해서 개당 50센트에 구입한 선물을 보냈습니다. 도움을 요청하는 주교님의 편지도 동봉했습니다. 한 달 후, 우여곡절 끝에 부산세관을 통과한 큰 트럭 3대 분량의 의약품이 병원에 도착했고, 다시 미국 약품을 사용하게 되자 1년 동안 대량의 국산 약품을 매입하지 않아도 되었습니다. 메리놀 병원은 점차 신뢰를 회복했고 흑자 경영으로 돌아섰으며, 과거 메리놀 병원과 인연이 있었던 많은 사람들이 메리놀 병원의 변화를 기뻐하고 축하해 주었습니다.

개인이나 공동체가 어떤 전환기를 맞아 문제가 발생할 때, 하느님은 구체적으로 그 일에 개입하고자 하신다고 나는 믿습니다. 메리놀 병원이 어려웠던 상황에서 부산 교구와 메리놀 병원을 위해 역사하신 하느님의 섭리를 생각할 때, 나는 성령께서 내게 주신 지혜와 분별의 은사를 활용하여 봉사했다고 생각합니다. 그리고 그 은사를 주신 성령께 감사드립니다.

성령께서는 우리 각자에게 봉사할 수 있는 능력을 주셨습니다. 받은 은사를 잘 활용하는 것이야말로 하느님께로부터 받은 은총에 보답하는 길입니다. 그러므로 내게 주신 은사에 대한 확신을 가지고 감사하는 마음으로 봉사해야 합니다. 또 공동체나 교회는 개개인이 받은 은사를 봉사하는 데 쓸 수 있도록 가르침과 기회를 제공해야 합니다. 그것이 주님께 대한 효성이 되고 영광을 드리는 일이라고 생각합니다.

"주님을 섬기는 직책은 여러 가지이지만 우리가 섬기는 분은 같은

주님이십니다."(1고린 12, 5)

"성령께서는 각 사람에게 각각 다른 은총의 선물을 주셨는데 그것은 공동 이익을 위한 것입니다."(1고린 12,7)

# 05 침묵하는 소리

교회 안에는 예로부터 "백성의 소리가 하느님의 소리."라는 격언이 있습니다. 교회 공동체가 이구동성으로 얘기했다든가, 전 세계가 4, 50년 이상 같은 목소리로 얘기한다면 반드시 귀담아 들어야 할 일이라는 것이겠지요. 사목자가 올바른 사목을 위해 본당 공동체의 목소리에 귀를 기울이는 일은 당연히 해야 할 중요한 일일 것입니다.

2000년 9월 동래 성당에 부임해서 제일 먼저 한 일은 현장에서 일하시는 분들의 의견을 듣고 마음을 헤아리는 것이었습니다. 전직 회장 예닐곱 분과 현재 봉사하는 임원 그리고 각 신심 단체의 책임자들 한 분 한 분과 만나서 30분 이상 대화를 했습니다.

동래 성당 50년 역사 안에서 공동체와 함께하는 동안,
- 가장 기쁘고 은혜로운 때는 언제였는가?
- 가장 슬프고 힘든 때는 언제였으며 그 원인은?
- 지금 현재는 이 공동체가 어떤 상태라고 진단하는가?
- 앞으로 이 공동체를 위해서 희망하는 것이 무엇인가?

이런 요지의 설문을 가지고 의견을 물었더니 예상 외로 성실하고 진지하게, 그리고 아주 기쁘고 반갑게 응답해주었습니다. 보좌신부, 본당 수녀님까지 참여해서 더욱 좋았습니다. 한 주간 동안 3, 40분의 얘기 내용을 정리하고 보니 그 안에 아주 큰 메시지가 흐르고 있었습니다.

그리고 적어도 1년 동안은 그분들이 원했던 공통분모, 공감대를 형성하고 있었던 영적인 문제나 관리 문제, 인사 문제, 재정 문제를 공통된 의견에 따라서 했더니 많은 협조를 받을 수 있었습니다. 제 의견을 완전히 접고 열심히 일했습니다. 이렇게 사목했는데 본당이 부흥되지 않고 쇄신되지 않는다면 오히려 이상한 일이 아니겠습니까?

더 큰 소득은 한 달 만에 이 공동체의 지난 20년, 30년 발자취를 어느 정도 파악할 수 있었던 점입니다. 과거를 알고 공동체를 위한 계획을 세우는 것은 중요한 일이기 때문에 그것은 큰 수확이었습니다. 그래야 공동체에서 필요로 하는, 생명이 되는 말씀을 전해줄 수 있기 때문입니다. 또 교회에서 오랫동안 봉사했던 분들을 인정해준다는 것도 좋은 인간관계로 출발한다는 점에서 매우 성공적인 성과였다고 생각합니다.

또 하나 본당 공동체의 나이 많은 사람들의 목소리를 듣는 것도 매우 중요합니다. 연로하신 분들은 대개 사심이 없고 개인적인 욕심이 별로 없습니다. 또 어린이들, 주일학교 학생들이 무심코 던지는 단순한 얘기들이 본당 발전을 위한 하느님의 말씀이라는 것을 종종 느낄 때가 있습니다. 지식이 있고 경력을 자랑하는 사람들, 왕성한 사회 활동을 하는 사람들 못지않게 노인이나 어린이들의 목소리를 귀담아 들을 필요가 있다고 생각합니다.

오랫동안 나는 본당 내에서 활동 경력이 많은 사람들, 사회적 지위가 있는 사람들, 돈이 있다는 사람들, 성가정을 이루고 산다는 사람들, 그런 사람들의 말을 본당 전체의 의견이라고 생각했었습니다. 그런데 그건 잘못된 생각이었습니다.

말하지 않는 계층의 사람들, 공동체가 잘못될 때 마음 아파하며 기도를 열심히 하면서도 마음을 상할 수 있는 말들을 아끼는 침묵하는 사람들의 소리와 본당의 리더들의 소리는 상당히 차이가 있다는 것을 경험한 적이 있습니다.

1996년 서대신 성당에 부임한 지 6개월이 됐을 때 '지속적인 성체조배' 모임을 활성화하기 위해 조배실을 만들어달라는 요청을 받고 조배실을 만들고 회원을 모집했습니다. 그런데 놀랍게도 평소 이름도 알려지지 않고 별로 주목하지 않았던 교우 가운데서 350여 명이 회원 등록을 했습니다. 기도 모임에 앞장설 것이라 믿었던 전직 회장을 비롯한 임원들 가운데 신청한 분은 한두 분밖에 없었습니다.

나는 그동안의 사목 활동 대상이 잘못됐음을 알았습니다. 본당 사목자로서 겉으로 드러나는 인간적인 면모에 끌려 진정 사목할 대상을 제대로 알지 못했던 것입니다. 말없이 기도하면서, 어떤 불만과 불평도 참고 수용하면서 살아가는 교회 안의 침묵하는 사람들의 마음을 알고 그들을 위해 봉사하는 것이 성공적인 사목 활동이라고 생각했습니다. 그것이 사목자의 올바른 자세이며, 결코 쉽지 않지만 그것이 하느님의 뜻을 찾아가는 지혜라는 것을 새삼 깨달았습니다.

한 교회사 학자가 이렇게 말했습니다.
"가톨릭을 비난하는 바깥의 소리에도 10%의 진리가 있었습니다. 악의와 오해에 찬 비난 때문에 10%의 옳은 충고에 귀를 기울이지 못했습니다. 그 10%의 소리를 우리가 주님의 소리로 알고 실천했더라면 오늘의 가톨릭은 다른 모습으로 많이 발전했을 것입니다."

열린 마음으로 하느님의 뜻을 찾는다면 작은 목소리, 침묵하는 소리까지 들을 수 있습니다. 그들의 목소리가 하느님의 뜻을 알게 해주고 그 뜻을 실행할 용기도 줄 수 있을 것입니다. 하느님의 영광을 가리는 큰 목소리에만 귀를 기울인다면 작은 목소리는 들리지 않을 것입니다.

 아버지의 뜻이 나의 양식

"하느님은 나의 주인이십니다. 그분은 역사의 주인이시며, 내 삶을 주관하시는 분이십니다. 나는 그분의 종이며 도구입니다."

데이톤(오하이오)에서 있었던 미주 봉사자 피정 때, 나는 내가 깊이 깨달은 사실을 이렇게 고백한 적이 있습니다.

하느님은 당신의 뜻이 이 땅과 우리에게서 이루어지기를 바라시며 그를 위해 여러 가지로 역사하고 계십니다. 성자의 강생과 교회 설립, 특별히 성체성사를 제정하시고 성사의 신비를 이어가게 하시고, 이를 종말까지 지속하도록 가르치신 것도 당신의 뜻을 이루기 위한 것입니다.

내 삶에도 하느님의 계획은 있었고, 그 모든 계획이 당신의 뜻을 이루기 위한 과정이었음을 나는 늦게나마 확신하게 됐습니다.

우리는 하루에도 몇 번씩 "아버지의 뜻이 하늘에서와 같이 땅에서도 이루어지소서."라고 주님의 기도를 바칩니다. 그러면서도 우리는 하느님의 뜻을 헤아리기보다 내 뜻, 내 방법을 앞에 내세우며 사는 경우가 너무나 많습니다. 내 인생에서도 하느님의 뜻과 내 뜻이 일치된 것은 겨우 20% 정도가 아닐까 싶을 만큼 내 뜻대로 살아온 것이 아닌가 돌아보게 됩니다.

만약 우리가 하느님의 뜻은 아랑곳하지 않고 살아왔다면 인생을 되돌릴 수 없는 마지막 상황에서 불안하게 죽음을 맞이할 수밖에 없을 것입니다.

"왜 방황하면서 시간과 정열을 낭비했던가? 주님이 주신 길이 아주 쉽고 가까이 있었는데……!"

이런 탄식을 할 수도 있을 것입니다. 내가 해야 할 일을 하지 않고 하지 말아야 할 일을 하면서 살아왔다면, 그로 인한 뒤틀린 인간관계, 잘못된 악습, 응어리들은 죽음을 맞이하는 데 큰 불안의 요인이 될 것입니다.

'과연 하느님은 내게 어떤 뜻을 가지고 나를 인도하고 나를 구원의 길로 섭리하시는가.' 내가 살아온 생애를 두고 묵상해보면 하느님은 당신 뜻에 따라 단기·중기·장기 계획을 가지고 계셨던 것 같습니다. 짧게는 한두 달 또는 연말까지, 또 3년에서 5년 사이에 내가 어떤 사람이 되어야 하는지, 어떤 과정을 거쳐서 어떤 환경에서 어떤 사람들과 살아가야 하는지 중기 계획도 가지고 계셨고, 그리고 먼 훗날 20년,

30년, 50년 후에 내가 어떻게 되기를 하느님은 바라고 계시는지 장기 계획도 가지고 계셨다고 생각합니다. 즉 하느님께서는 내가 살아가기를 바라는 당신의 뜻에 따라 나를 인도하고 계셨던 것입니다.

　하느님의 뜻을 알고 그것을 어떻게 실현하기를 원하시는지, 어떤 때에 그 뜻을 이루기를 원하시는지, 하느님의 뜻을 인간적인 이해관계, 사회적인 조건과 어떻게 조화를 이뤄 나갈 것인지, 어떤 것을 우선해야 하는지를 알아듣고 식별하는 것은 우리가 행복한 삶을 살아가는 데 좋은 길잡이가 될 것입니다. 나를 도와준 사람들, 나에게 사랑과 우정을 보내준 사람들에게 아름답고 은혜로운 모습을 보여주면서 선종하기 위해서 우리는 평소에 하느님의 뜻을 따라 살아야 합니다. 예수님의 말씀처럼 하느님의 뜻이 내 삶의 양식이 돼야 할 것입니다.

　내게 대한 주님의 뜻과 계획을 아는 것은 그리스도인의 삶의 지혜입니다. 이러한 지혜는 우리 삶의 방향을 설정해주고 은혜로운 삶을 살게 해주는 지름길이 됩니다. 사건이 생겼을 때, 문제가 있을 때, 결정하기 힘들 때, 그분이라면 이 문제에 어떻게 대면했을까를 먼저 생각하면서, 그분의 뜻과 계획을 분별하면서 사는 것이 예수님을 내 안에 모시고 예수님을 중심으로 살아가는 길일 것입니다.

　특히 사제로서 본당의 대소사나 일상의 당면한 문제 앞에서 '주님은, 성모님은, 성령께서는 무엇을 원하실까, 어떻게 하셨을까?'를 생각하고 행동하면서 살아간다면, 은혜로운 삶을 살게 될 것입니다. 이는 마지막에 부활의 영광에 참여하는 길이라고 나는 생각합니다.

 우선순위

　　　　　1991년에 귀국해서 고국 땅에서의 첫 본당이 초장성당이었습니다.
　오랜 외국 생활에서 돌아와 본당 사목을 시작하면서 나는 무엇보다 본당에 대한 내 사목 방침을 확고히 지켜 나가기로 다짐했습니다.
　'이 본당 공동체의 주인은 주님이시고 나는 그분의 종이며 한낱 도구에 지나지 않는다.'는 것이 바로 내 사목 방침이었습니다.

　교회의 주인은 주님이시고 주님을 모시는 제단은 교회에서 가장 중요한 곳입니다. 나는 부임해서 우선 제단을 정리하고 단장했습니다. 감실이 있고 주님을 상징하는 제단이 있기 때문에, 청결해야 하고 정리정돈이 잘 되어야 하며 은사적인 장소가 되어야 했습니다. 그 다음은 교우들이 기도하는 성당 바닥을 깨끗하게 수리했습니다. 몇 년 동안 임시 방편으로 고치던 것을 전면적으로 보수했습니다.

그리고 성당 내의 각종 회의실을 대대적으로 정비하기 시작했습니다. 난방, 환기, 벽면 청소, 크기와 넓이의 조절 작업 등을 통하여 교우들이 안락하고 기분 좋게 머물 수 있는 장소로 만들었습니다. 따뜻한 안방처럼 정다운 공간이 되도록 노력했습니다.

그 다음에 단장한 곳이 수녀원이었습니다. 오롯이 한 생애를 바쳐 봉사하는 그분들에게 맞는 보금자리가 필요했습니다. 후미진 곳에 있기 때문에 하루 종일 햇볕이 별로 없었고, 수맥이 심하게 흘렀지만, 최대한 건강하게 지낼 수 있는 안락한 생활 공간으로 만들었습니다.

"신부님, 이제는 사제관을 보수할 것이 아니라 신축합시다. 현재 부산에서 제일 열악한 사제관입니다. 그 옛날 지학순 주교님 때의 그 모습 그대로입니다."

"적어도 금년에는 안 됩니다. 본당 재정 상태가 용이하지 않고, 그보다 중요한 것은 저에게는 이 사제관이 전혀 불편하지 않습니다. 지난 20년간 해외에서 지낸 그 어느 때보다 편안한 사제관입니다. 걱정하지 마십시오."

성직자 중심의 한국 교회에서는 자칫 본당 내에서 사제가 생활하는 공간을 중시하는 풍조가 있습니다. 교우들이 성직자를 사랑하는 마음의 표현으로 사제관을 화려하게 장식해서 큰 회사의 사장실을 방불케 하는 잘못된 버릇이 언제부터인가 생긴 것 같습니다.

교우들의 성의와 사랑을 사양하다 못해 부임한 지 4년 후에야 사제관과 수녀원, 사무실을 신축했습니다. 본당의 제반 시설과 영적인 상태가 정비되고 제자리를 잡고 난 뒤에야, 이 종의 거처를 마련했습니다. 그 당시 교우들의 큰 사랑과 축복 속에 집을 짓고 기도하고 말씀을 나누었던 기쁨을 아직도 가슴속에 깊이 간직하고 있습니다.

"주님, 당신의 몸인 공동체를 섬기는 이 종의 마음이 항구하게 당신의 마음으로 살게 하여 주소서."

08 예수 중심의 삶

"신부님, 지금 저는 큰 고민에 빠져 있습니다. 눈을 감으면 김수환 추기경님이 나타나 어른거리고, 눈을 뜨면 김영삼 대통령이 앞으로 다가서서 가로막고 있습니다. 누구의 뜻을 따라 현 사태를 처리해야 할지 모르겠습니다. 명동 성당에 공권력을 투입하기 위한 법원의 사전 영장은 이미 떨어져 있고……. 정말 어떻게 해야 할지 난감합니다."

과거 성서백주간 모임을 주선했던 교우와 전화통화를 하던 중 그가 걱정스런 목소리로 내게 말했습니다. 검찰 총장직에 임명된 지 몇 달 되지 않은 시기에 '신앙과 현실' 사이에서 사법적이고도 정치적인 예긴하고 중대한 문제에 직면해서 전화로 하소연을 해온 것입니다.

"김 베드로 회장님, 신앙생활 50년, 검찰생활 근 30년을 하시고도

이 문제로 고민을 하십니까? 김 추기경님이나 대통령이 중요합니까? 그들보다 훨씬 더 중요한 분이 누구십니까? 크고 작은 모든 일의 판단 기준이 누구입니까? 하느님이 이 사태를 어떻게 하기를 원하시는지, 그 뜻에 따라서 문제를 해결하면 되지 않겠습니까?"

"그분의 뜻을 어떻게 알아들을 수 있습니까? 그리고 그 뜻을 현실적으로 받아들이기가 힘든 상황입니다."

"마침 지금이 사순시기 아닙니까? 단식하고 기도하면서 주님께 겸손하게 여쭈어 보십시오. 그분은 기도에 응답해주실 것입니다. 점심시간에 대검찰청 앞에 있는 서초 성당에 가서 성체 앞에서 한 시간 정도 기도해 보세요. 일주일이라도 해보면 좋겠네요."

그는 내 권고를 받아들여 그 이튿날부터 점심시간에 식사도 하지 않고 서초 성당에 가서 기도했다고 합니다. 3일쯤 지나니까 검찰청 내에 소문이 났습니다. 검찰 총수가 단식하면서 기도하고 있는 것을 알았기 때문입니다. 대검찰청의 분위기가 바뀌었고 검찰 간부들이 모두들 그 문제에 대해 신중한 태도로 관심을 갖기 시작했습니다.

그렇게 4일을 기도하던 그가 결단을 내릴 참이었습니다. 바로 그날 청와대에서 김 대통령의 전화가 왔습니다.

"총장님, 명동 성당에 진입하지 않도록 합시다. 나도 야당생활 때 그곳을 민주화를 위한 성지라고 생각했는데 그 명동 성당에 내가 경찰을 동원하고 진입해서, 불법적인 단체 행동이지만 강제로 체포하고 싶지는 않습니다. 그간 수고 많았습니다."

단식하면서 주님의 뜻을 알고자 간절히 기도하는 동안 하느님은 대통령의 심경에 변화를 일으키시고 문제를 자연스럽게 해결해주신 것입니다. 사순절의 단식과 기도가 얼마나 중요하고 예수 중심의 삶이 얼마나 은혜로운가를 깨닫게 되었다고 검찰 총장은 내게 감사했습니다.

그 후 나는 서울에 갈 일이 있어서 난생 처음 대검 검찰 총장실을 방문했고 이례적으로 사무실 축복예식을 했습니다. 아마도 그런 일은 처음 있는 일이었을 것입니다. 기도하면서 성수를 사방에 뿌리고 나니 김 총장이 "성수는 왜 뿌리십니까?" 하고 물었습니다.
"검찰청에 마귀가 많은데 특히 총장실에 악질 사탄이 많은 것 같아서 그러했습니다."
"네, 그러십니까?"
그리고 나서 우리는 시원하게 웃었습니다.

 노인의 가치

 "신부님, 머리카락만 물들이면 10년은 젊어 보이겠습니다. 얼굴은 50대 초반인데요?"
 지난 20년 동안 여러 번 들어왔던 이런 말은, 물론 나를 사랑하는 사람들의 애정 어린 농담이었습니다.
 "흰 머리칼은 지혜의 상징인데, 지혜에다 왜 먹칠을 합니까? 더 희고 빤짝빤짝 빛나게 해야지요."
 나이 먹고 늙어가는 것에 대하여 너무 슬퍼하고, 부정적인 생각이 팽배해 있는 사회가 한국인 것 같습니다. 이것이야말로 물질 만능, 효율성과 가시적인 성과에만 치우쳐 있는 한국적인 풍조라고 생각합니다.
 나는 20대에는 20대에 맞는 얼굴이 있고, 연륜이 쌓이는 만큼 그 나이에 맞는 아름다움이 있고 경륜에 맞는 일이 있다고 생각합니다. 또 나이가 들어갈수록 아름답고 거룩한 것이 더해지고 쌓이게 되어 더욱 좋다고 믿고 있습니다.

1년 사계절은 각각의 고유성과 아름다움이 있습니다. 봄에 새싹이 나는 것도 참 좋고, 여름이 되어 산천초목이 무성하게 뒤덮이는 것도 좋으며, 가을이 되어 단풍이 들고 낙엽이 지는 모습도 그 나름대로 아름답고, 열매를 맺는 것은 참으로 가치 있습니다.

또 겨울이 되어 동면을 통해 새로운 봄을 기다리고 준비하면서, 시련과 어려움을 극복하는 모습들도 참 귀합니다. 늙어가는 것이 그렇게 나쁜 것인지, 감추어야 할 것인지, 말하지 말아야 할 금기사항인지, 나는 도저히 이해가 되지 않는 것 중의 하나입니다.

"주교님, 이제 제가 본당 신부 할 만한 자격이 조금 생긴 것 같습니다. 60을 넘어서니 사람들의 말을 듣는 것이 아니라 말하는 사람의 의도와 마음을 읽을 수 있는 마음의 귀가 열리고 눈이 열렸습니다."

"이제 철이 조금 난 모양이구만. 나도 철이 나자 죽을 때가 된 것 같은데……."

경주 불국사 뒷산을 등산하면서 정명조 주교님과 주고받은 얘기입니다.

2002년 부임한 동래 성당은 노인 인구가 절대다수를 차지하고, 700여 명의 위령회 회원이 있는 본당이었지만, 노인을 위한 사목적인 배려가 별로 없었습니다. 지역적으로 역사와 전통을 자랑하는 곳이라

노인사목을 위해 '노인대학'을 개설했습니다. 그런데 '노인대학'이란 용어에 거부감이 많았습니다. 그래서 "과거 유명했던 동래 성당의 유치원 이름이었던 모심(母心)을 써서 모심 대학으로 합시다."고 했더니 좋다고 했습니다.

모심대학을 설립하고 성황리에 운영했습니다. 동네의 믿지 않는 노인이나 타 종교인 노인들까지 150명이 찾아왔습니다. 나는 특강을 통해 "늙어가는 것은 좋은 일이며 성경에도 노인의 백발은 지혜의 상징이고, 노인의 말은 인생의 방향을 제시해주는 지침이라고 가르치고 있습니다." 하고 노인의 가치를 역설했습니다. 그래서 노인의 말은 권위가 있고 깊이가 있으며, 사람들이 노인을 존경해야 하는 이유가 거기에 있는 것입니다.

"노 사제님은 이리로 오시지요."
스님, 목사님과의 종교연합 일치 모임을 할 때 스님이 나한테 인사한 말인데, 그 말씀이 내게는 아주 좋게 들렸습니다. 나이가 가져다주는 것이 얼마나 많은지, 경륜이 있는 사람의 이야기가 얼마나 소중한지를 하나둘 터득하면서 성숙의 길로 가는 노인의 삶을 나는 사랑하고 있습니다.

노인은 원숙하고 내적인 인생을 살아갈 수 있는 때입니다. 젊을 때는 사람의 겉만 보다가 차츰 사람의 내용을 보게 되고, 늙어가면서는 그 사람의 뿌리를 볼 수 있는 혜안이 열리는 노인의 삶은 인생의 의미와 그 깊이가 더해지는 소중하고 가치 있는 삶입니다.

나는 미사 중에, 특히 강론 중에 아기가 울거나 휴대폰 소리가 울리면 과거에는 분심거리가 되거나 신경에 거슬렸습니다. 그런데 연륜이 쌓이면서 나는 그런 일에 구애받는 것은 내가 올바른 설교자가 아니지 않은가 생각했습니다. 십자가 위에서 위대한 설교를 하신 예수님이나 마지막 십자가 죽음을 자신에게 주어진 은혜로운 강단이라 여기면서 순교한 일본의 순교자들을 생각하면서 성숙하지 못한 내 모습을 고쳐 나갈 수 있었습니다. 신앙과 연륜의 깊이가 가져다 준 선물이 아닌가 합니다.

노인에게는 노인다운 삶이 있습니다. 노인 스스로 자신을 사랑하고 고귀하고 당당하게 살아가려고 노력할 때 존경받는 노인이 됩니다. 모세는 육신은 노쇠하였지만 눈에는 정기가 넘쳐흐르는 가운데 임종을 맞았습니다. 모세의 삶과 죽음은 우리에게 많은 것을 말해줍니다.

나는 과거 하루빨리 부산 교구에 노인대학연합회가 발족되고 노인 사목에 도움이 되기를 소망했습니다. 노인이 존경받고 마음 편히 살 수 있도록 우리 천주교가 중요한 역할을 해주기를 희망하면서…….

# 10 1987년의 안식년

내 사제 생활 45년 동안 공식적인 안식년을 가진 것은 단 한 번뿐이었습니다. 물론 내가 결정한 것이었지만, 주위 환경과 조건 그리고 하느님의 강력한 내적 권고로 1987년에야 처음으로 안식년을 가졌습니다. 이 안식년은 내 인생에서 아주 중요한 삶의 분수령이 되었고, 내게 필요한 은총을 풍성하게 받은 시기였습니다.

"가는 걸음을 멈추고 살아온 날을 되돌아보며, 주님의 영을 따라 발길을 돌렸나이다."란 〈시편〉의 말씀을 중얼거리면서 나는 한 해 동안 순례의 길을 걸었습니다.

첫 번째로 선택한 곳은 트라피스트 수도원(애틀랜타, 조지아)입니다. 내 나이 50을 넘어 노년기에 접어들면서 좀 더 성숙한 사제생활을 하고 싶었기 때문에, 나는 수도원 중의 수도원이라 불리는 트라피스트 수도원을 찾았습니다.

처음 이곳에 와서 가장 적응하기 힘든 것은 기도 시간이었습니다. 새벽 세 시 반에 일어나 기도한다는 것은 난생 처음 있는 일이었기 때문에 맑은 정신으로 기도한다는 것은 여간 어려운 일이 아니었습니다. 온갖 수단방법을 다 써본 뒤 2주일이 지나서야 겨우 맑은 정신으로 수도원 가족들과 함께 기도할 수 있었습니다.

기도생활에 적응하면서는 '아! 이렇게도 좋은 아침에 왜 잠만 자고 있었던가. 솟아오르는 태양과 함께 잠을 깨는 만물처럼 내 심령도 빛을 따라 깨어나는 이 아침시간을 잘 선용해서 주님께 봉헌해야겠다.'고 결심했습니다.

하루에 일곱 시간 정도의 기도 시간이 있는데, 이곳에서는 허리를 깊이 숙이면서 영광송을 합니다. 하루에 대개 60번 정도 하는데 나는 영광송을 입으로 외우면서 마음에 이런 지향을 두고 기도했습니다.

'내 생애에 잘한 것은 모두 주님의 은덕이오니 영광 받으시고, 이제 저에게 겸손의 덕을 채워주시어 마음이 가난한 자 되게 하소서.'

2,000번 정도 기도했으니, 겸손한 사제의 삶을 살 수 있을 것이란 기대도 가져보았습니다.

그리고 이곳에서 만난 '기도하는 사람들의 모습'은 잊히지 않습니다. 특히 입회한 지 30년 된 전직 경찰관이었던 깡마른 수사가 밤 12시가 다 된 캄캄한 성당에서 제대를 붙잡고 애타게 기도하는 소리는 아직도 내 귀에 생생하게 들리는 듯합니다. 기도가 무엇인지 조금이나마 맛보게 해준 아름다운 모습이었습니다.

"주님, 이 미국을 불쌍히 보시고 용서하여 주십시오. 지금 뉴욕 맨해튼에는 이 시간에도 소돔과 고모라보다 더한 타락이 자행되고 있습니다. 눈물로 탄원하는 이 늙은이의 기도를 외면하지 말아주십시오. 미국을 불쌍히 보아주시고 용서하여 주십시오."

이곳에서 받은 또 하나의 큰 은혜는 세 번에 걸쳐 총고해성사를 받은 것입니다. 충분한 기도와 성찰을 통해서 회개의 은총을 받았고 내 사제생활을 되돌아보고 총 정리하는 계기가 되었습니다.

그리고 음식에서 해방되는 체험을 선물로 받았습니다. 피정을 은혜롭게 하고자 하는 지향으로 4일간의 단식을 시작했는데 단식 중에 셋째 날이 제일 힘들었습니다. 넷째 날부터는 무감각해졌습니다. 한창 배고픈 2, 3일째는 100미터 밖에서 솥뚜껑을 열 때 나는 냄새도 맡을 정도였습니다. 그때 나는 음식을 왜 먹는지를 곰곰이 생각하다가 식생활에서 자유로워지는 것을 체험했습니다.

안식년에 맞이한 은총의 샘은 '이냐시오 영성 수련'이었습니다. 수원 '말씀의 집'에서 신학교 입학 동기 신부의 지도로 가진 30일간의 피정은 제 영적 여정을 정리한 계기가 되었고, 말씀을 심화시키는 묵상이 되었습니다. 무엇보다 소중했던 체험은 '나를 위해 십자가에서 돌아가신 비참한 예수의 죽음'을 새벽 2시에 만난 것입니다.

늦은 밤까지 성당에서 묵상을 했지만 아무런 감동도, 응답도 받지 못하고 돌아온 나는 막 잠이 들려는 순간, 꿈인 듯 환시인 듯 나타난 예수님의 모습에 깜짝 놀라 튕기듯 자리에서 일어났습니다. 그 충격은 너무나 엄청났고 나는 밤새 잠을 이룰 수가 없었습니다. 사람의 형체라고는 할 수 없는 예수님의 얼굴 모습과 신음소리, 머리와 가슴, 팔과 손에서 뿜어져 나오는 선혈이 20년이 지난 지금도 생생하게 느껴집니다. "어머니께 청하오니 제 마음속에 주님 상처 깊이 새겨주소서." 이 기도가 그때 제게 실현되었습니다.

또 다른 은혜로운 축복은 예루살렘 성서학교의 입학입니다. 한 학기의 짧은 기간이지만, 그곳에서 성경을 다시 읽고 묵상하며, 성서의 현장을 한 주간에 하루씩 방문·순례했습니다. 성지 중의 성지이고 예수님이 탄생하시고 사시고 죽으시고 부활했으며 승천하시고 성령 강림이 일어났던 바로 그 현장에서 나는 '다섯 번째의 복음'을 체험했습니다.

"예루살렘아, 예루살렘아, 오늘이라도 네가 정신을 차리고 회개하면 좋으련만, 너는 내 품을 떠나 네 뜻대로 살려고 한다."

예수님이 예루살렘 성전을 마주보는 곳에서 우시면서 기도하던 제대에서 이 성서를 느낌을 갖고 봉독한 것은 참으로 잊히지 않습니다.

'십자가의 길(Via Dororosa)' 가에 빼빼하게 들어선 많은 가게와 상인들, 거룩함과 돈이 함께 공존하는 현실의 아이러니와 모순을 그 '십자가의 길'에서도 보는 것이 참 싫었습니다. 그러나 그것을 인정할 수밖에 없는 현실의 냉혹함이 안타까웠고, 내 사제의 삶에도 언제나 '현실'이란 이름의 무거운 걸림돌이 많았던 기억을 떠올려보았습니다.

'내 영성의 뿌리는 무엇인가?'

안식년에 꼭 얻고 싶은 해답을 찾기 위해 나는 한국에서 3개월 동안 머물렀습니다. 초대교회의 순교자와 그때 형성되었던 교우촌과 순교자 후손과 이를 연구하는 연구소, 학자, 수도자를 서울에서 제주도까지 방문하고 순례했습니다. 이때 고국에서의 체류는 내게 또 다른 삶의 뿌리를 발견하게 해주었습니다.

마지막으로 아프리카의 원시종교의 모습과 인도의 신비주의적인 문화를 경험해보고 싶었지만, LA의 일 때문에 중단해야 했습니다. 죽기 전에 한 번 가보고 싶습니다.

봉사자 성지순례 피정

1987년, 전 미주 성령쇄신 봉사자들과 함께 이집트와 이스라엘 성지순례 피정을 다녀왔습니다. 이 피정은 주님께서 특별하고도 풍성한 은혜를 베푸신 잊지 못할 사건이 되었습니다.

한 달 동안 모집해서 전·현직 기도회 회장과 임원 그리고 봉사자들 140여 명이 신청했습니다. 성지순례 인원이 예상외로 많아서 여행사에서도 처음 있는 일이라고 놀라워했습니다.

먼저 사전준비로 현지 사정을 상세하게 알기 위해 여행사와 논의 끝에 사전 답사팀 두 명을 현지로 보내어 다각도로 점검하게 했습니다. 숙소, 음식 관계, 강의실과 냉·난방 그리고 현지의 기온 변화, 주요 성지의 방문, 미사 시간 확보, 그 지역에서 쓰이고 있는 성가나 미사 관련 자료 등 모든 일정을 면밀하게 조사해서 성지순례가 은혜로운 피정이 될 수 있도록 준비했습니다.

　피정을 떠나기 전에 두 번의 회람을 통하여 마음의 준비부터 하도록 했습니다. 예를 들면 《열왕기》 상·하권을 봉독하도록 하고, 비행시간 중에는 《탈출기》 전부를 읽기로 했습니다. 또 비행기 이륙 시에는 〈성모의 노래〉, 도착 시에는 〈즈카르야의 노래〉를 기도하기로 정하고 LA, 뉴욕, 시카고에서 올 순례자들을 암만 공항에서 만나 함께 이스라엘로 들어가기로 했습니다.

　매일의 순례 일정 가운데 저녁 일정은 참으로 소중했습니다. 저녁식사 후에 저녁기도로 시작해서 강의와 그날의 체험담과 묵상한 내용을 발표했으며, 마지막으로 이튿날 순례지의 성서적 의미를 살펴보고 친교의 시간으로 하루를 끝냈습니다. 특히 50분간의 강의는 현장에서 만나는 성서적 인물들과 그들의 영성에 대해 집중적으로 다루었습니다.

　타볼산을 방문했을 때였습니다. 성체를 모시고 나서 몇몇 분이 심령기도와 노래를 시작하자 삽시간에 모두가 하나가 되어 성령의 큰 감동 속에서 그 옛날의 예수님, 모세, 엘리아의 모습을 체험했습니다. 아름다운 석양빛이 제대에 서 있는 세 분 사제의 그림자를 벽면에 비춰주면서 그 옛날 예수님의 거룩한 변모와 예수님의 영광이 재현되는 듯한 소중한 순간을 맛보기도 했습니다.

　무덤 성당에서는 너무나 삼엄한 경계 속에 각 종파 간의 양보와 이해가 없는 냉랭한 분위기 가운데 미사를 봉헌했습니다. 예수 부활미사의 큰 뜻은 별로 느끼지 못했지만, 우스운 일은 미사 예물이 많아서 기뻤습니다. 12일간의 미사 예물과 기타 수입이 2만 8,000달러가 되어서 성령쇄신 센터 운영에 큰 보탬이 되었습니다.

매일 그 장소에 유보된 미사전례의 성서말씀, 기도, 성가는 그날 하루 중 가장 큰 축복이었습니다. 예수님이 살고 활동했던 그 현장에 가서 성서적 사건에 대한 말씀을 듣고 기도하고 노래한다는 것이 얼마나 소중한 체험인지 우리 모두가 미사를 사랑하게 되었습니다. 영적 양식이 풍성하게 주어졌던 그때의 미사는 바로 은총의 샘이었습니다.

그런데 우리 일행 중에 가톨릭신자 남편을 둔 개신교의 집사 한 분이 있었습니다. 그분이 2, 3일간 그냥 미사에 참여해서 좋다고 생각했는데, 6, 7일이 지나면서 미사는 좋은데 영성체를 하지 못하니 소외감을 느끼는 것 같았습니다. 시간이 지날수록 뭔가 아쉬운 표정이 얼굴에 나타났습니다. 마지막 미사인 '갈리칸투' 성당 미사 때는 그 집사님의 갈망하는 모습이 역력했습니다. 그동안의 변화를 지켜보았던 내가 말했습니다.

"집사님, 이것이 예수님의 몸입니다. 믿으십니까?"

"예, 믿습니다."

예수님을 모시고 싶은 열망이 솟구쳐 터져 나온 대답임을 느낄 수 있었습니다. 그래서 성체를 모시도록 했습니다.

"하지만 집사님, 이 피정 밖에서는 받아 모시면 안 됩니다. 특수한 경우에만 드리는 것입니다."

성지순례 후 한 달이 못 돼 산호세 성당의 예비자 교리반에 그 집사님이 등록했다는 얘기를 들었습니다.

본당 신부님이 "왜 성당에 오셨습니까? 동기가 무엇입니까?" 하고 묻자 그는 "성체를 받고 싶어서 왔습니다." 하고 서슴없이 대답했다고 합니다. 그 집사님은 자기가 소속된 교회의 신자 3분의 1을 전도해서 교회에 나오게 한 열심한 분이었지만, 가톨릭교회에서 다시 세례를 받았습니다. 그 집사님의 가톨릭 개종을 통해 성체의 신비가 얼마나 위대한지 그 은혜가 얼마나 큰지를 새삼 느꼈습니다.

이처럼 우리의 성지순례는 하느님을 모시고 성령의 축복 속에 진행됐으며, 개종자가 나올 정도로 아름다운 여정을 이어갔습니다.

이스라엘 민족이 이집트를 탈출해서 광야를 거쳐 가나안에 이르면서 하느님의 백성으로 거듭났듯이, 우리도 하느님의 현존 안에서 은혜 가운데 처음부터 끝까지 기쁘게 순례의 길을 걸었습니다.

뉴욕 케네디 공항에서 모두가 서둘러 집으로 돌아가는데, 나는 갈 곳이 없었습니다. 순례 전에 신시내티를 떠났기 때문입니다. 한참 망설이다가 뉴욕에서 하룻밤을 보내고 수도원으로 갔습니다.

봉사자의 희생

캐나다 몬트레이 한인 성당의 회장님으로부터 전화가 왔습니다.

"신부님, 우리 공동체에 심각한 문제가 많습니다. 한국에서 새 신부님이 오시기 전에 피정을 했으면 하는데 신부님이 도와주세요."

"어떤 문제가 심각합니까? 자세히는 아니더라도 대충 설명을……."

"참으로 부끄러운 일입니다만, 현실입니다. 한국 신부님과 신자들 간에 마찰이 심해서 오랜 진통 끝에 떠나가시고, 현지 캐나다 신부님이 1년간 계셨는데 3개월 전에 그만두었습니다. 한 달 후면 대구 교구에서 한국 신부님이 오시도록 되어 있습니다. 지난 3년 동안 숱한 문제가 있었고 자연히 이곳 한인사회에서도 좋지 못한 평판이 파다합니다. 이번 사순 피정에 왕 신부님이 도와주시면 문제 해결의 실마리를 찾을 것 같습니다."

막상 그곳에 도착하니 회장님은 내게 골프 얘기부터 꺼냈습니다. 또 나에 대한 친절한 배려로 5일간의 점심·저녁식사 계획을 이 집, 저 집으로 미리 정해놓았다고 했습니다. 나는 단도직입적으로 말했습니다.

"제가 이곳에 이번 사순절을 기도와 희생, 자선을 하는 기간으로 삼기 위해 피정하러 왔습니다. 아침식사는 본당 캐나다 신부님과 함께 하고 점심과 저녁식사는 단식하기로 마음을 정했으니, 회장님도 오로지 피정에만 전념하시고 식사 문제는 더 이상 신경 쓰지 마십시오."

실제로 나는 5일간을 단식과 기도를 하면서 피정에 봉사했습니다. 차차 시간이 지나면서 교우들이 피정에 임하는 태도가 많이 달라졌습니다. 많은 신자들이 진정한 회개의 은총 속에서 고해성사를 보았습니다.

마지막 감사·파견미사에서는 성체를 받아 모시고 난 후 피정 체험담을 나누는 시간이 있었습니다. 많은 사람들의 얘기를 들으면서 나는 하느님의 공동체로 거듭나는 은총의 열매를 눈으로 보고 피부로 느낄 수 있었습니다. 특히 문제를 일으켰던 핵심 인물 세 분이 울면서 공동체 앞에서 진심으로 자신의 잘못을 고백하고 용서를 청했습니다.

100여 명의 교우들이 흐느끼고 크게 울면서 서로 '내 탓'이라고 말하면서 화해하는 모습을 보며, 나는 후임 신부로 오실 대구 교구 김용효 신부님을 대신해서 자리를 깨끗이 청소했다는 생각이 들어 주님께 감사했습니다.

위와 유사한 사건이, 제 본당 사목의 애인이라고 할 수 있는 신시내티 한인 공동체의 25주년 기념 피정에서도 있었습니다. 새로 부임하신 신부님께서 아주 열성적이고 세심하게 공동체를 관리했지만, 공동체는 분열 현상이 일어나면서 심각하게 변질되고 있었습니다. 그 때문에 25주년 행사와 전례를 제대로 치를 수 있을까 하는 의문이 들 정도로 공동체의 상태가 날로 악화되고 있다고 했습니다.

이런저런 걱정스런 소식을 전해 들었던 터라 실은 그곳에 가고 싶지가 않았습니다. '내가 가도 용빼는 재주는 없는데…….'란 생각이 들었지만 이미 약속한 것이니까 할 수 없이 가기로 했습니다.

그러나 골프 가방은 갖고 가지 않기로 했습니다. 10여 년 동안 미주에 가면서 골프채를 갖고 가지 않은 것은 처음이었습니다. 굳은 결심과 성령으로 무장된 마음을 안고 현지에 갔습니다. 공항에 도착하니 본당 회장님과 임원들이 마중 나와 늘 그렇듯 반갑게 맞아주었습니다.

성당으로 가면서 그분들은 3박 4일간 골프할 계획과 저녁식사는 어느 집에서 한다는 것 등을 소상하게 설명했습니다. 애정 어린 접대를 사양하기가 힘들었지만 나는 사양해야 할 이유와 내 의견을 말해주었고 그들은 내 뜻에 따라주었습니다.

"네 스스로 모범을 보여라. 이 공동체를 창설했던 네가 어떻게 봉사하는 것이 정녕 그리스도 예수님께서 원하시는 봉사인지, 말이 아니라 행동으로 직접 보여라."

출발하기 전 성체 앞에서 한 시간 동안 무릎 꿇고 기도했을 때 주님께서 내게 들려준 말씀에 따라 나는 그곳에서 세상적인 즐거움을 포기하고 피정에만 전념했습니다.

피정 기간 동안 단식으로 일관하면서 낮에는 계속해서 면담·고해를 주었고 성당에서 기도했습니다. 비록 육신의 힘은 줄었지만, 영적인 능력은 힘 있게 솟아나서 피정을 성공적으로 마칠 수 있었습니다.

"정말 죄송합니다. 이 공동체가 여러 가지로 잘못된 것은 제일 큰 책임이 나에게 있습니다. 제가 여러분의 영성을 어떻게 형성해 놓았기에 시련을 극복하지 못하고 결국 이렇게 된 것입니까? 모두 내 탓입니다."

마지막 감사미사에서 짧은 강론 끝에 내가 말했습니다.

성찬의 전례가 시작됐고 영성체 후 묵상하는 시간이었습니다. 본당 신부님이 울면서 묵상기도를 하시고는 신자 한 분 한 분을 뜨겁게 포옹했습니다. 그러자 전직 임원들부터 원로들, 모든 신자들에 이르기까지 모두가 "내 탓입니다. 내가 잘못했습니다."라며 진심으로 회개하는 분위기였습니다.

그날 나는 온 공동체가 스스로 자기 잘못을 깨닫고 서로에게 용서를 청하면서 다시 태어나는 부활의 기쁨을 되찾는 모습을 눈으로 확인했습니다. 즐거움과 평화의 열매를 맺은 아름다운 미사였습니다. 그리고 그 다음날 행사와 전례는 성공적인 축제로 뜨겁게 시작해서 감사와 축복 속에 마쳤습니다.

봉사자의 손은 깨끗해야 하고, 마음에 부정한 이익을 탐내지 않아야 합니다. 봉사자는 오로지 공동체 안에 주님의 영광이 머물 수 있도록 자신을 낮추고 비워야 하며, 주님이 오실 날을 준비하는 세례자 요한의 삶과 정신을 본받아야 합니다.

사랑은 중요합니다, 영원합니다

"신부님, 저희들에게 고해 시간을 충분히 주시면 좋겠습니다. 2, 30분 가지고는 안 됩니다. 한 시간 정도로 해주시면 감사하겠습니다."

1987년 일시 귀국해서 예수성심 수녀원(부산)에 잠시 머물 때였습니다. 청원·지원 책임자 수녀님의 요청으로 열다섯 분 정도의 수련·지원자 자매님들에게 3일 정도 말씀을 나눈 뒤 그들이 내게 부탁을 해왔습니다.

그래서 이틀에 걸쳐 면담고해성사를 주었습니다. 이 분들이 솔직담백하게 자신을 드러내면서 회개하는 모습에 놀랐고, 나 자신도 무척 은혜로웠습니다.

늦은 저녁 안수를 마친 뒤 수녀님들이 얼마나 기뻐하던지. 그분들의 순수한 웃음이 한 시간 가량 멈추지 않는 기적 같은 일이 일어났습니다. 아마도 하느님의 사랑을 깊이 체험한 것 같았습니다. 이처럼 하느님의 사랑이 가져다주는 기쁨은 우리 영혼을 생기 있게 할 뿐 아니라 인위적이고 형식적인 것을 초월하는 우리 삶의 근원적인 힘이며, 모든 욕망과 유혹을 이겨내는 은총임을 또 한 번 깨달았습니다.

"신부님, 수녀님들이 이상합니다. 이전에는 고해 신부님을 초청해서 성사보라고 권유해도 망설이는 경우가 많았는데, 이번에는 자기들이 먼저 고해해야 한다고 전체 수녀님들이 경쟁(?)하다시피 하니 저도 덩달아서 고해를 하고 싶습니다."

2001년 한국외방선교 수녀원에서 서원을 위한 8박 9일 피정을 지도할 때 원장 수녀님이 내게 한 말입니다.

피정하는 여덟 분의 수녀님만이 아니라 20여 분의 수녀님들이 3일에 걸쳐 50분 정도씩 성사를 다 보았는데, 그 고백이 이 수도 공동체를 대청소하는 것과 같았다고 내가 말했습니다.

기적 같은 일은 피정에 참여하지 않은 수녀님들이 그렇게도 많은 은혜를 받은 연유를 알아보니, 내가 강의를 할 때 스피커가 수녀원 건물 전체로 연결되어 내 가르침을 부엌에서, 빨래방에서, 침실과 성당에서 모두 들을 수 있었다는 것입니다.

그리고 마지막 날 저녁, 한 시간 동안의 찬미 기도회는 그야말로 천국의 잔치를 방불케 하는 축제 분위기였습니다. 사랑이신 하느님을 진하게 느끼는 그 시간, 수녀님들의 목소리와 몸짓과 춤추는 행동에서 사랑이란 이다지도 좋고 신비하고 다양한 열매를 맺게 하는가를 또다시 느꼈습니다. 지금도 그 감정이 조금씩 살아나면서 오늘과 내일을 기쁘게 살아갈 힘이 솟아나곤 합니다.

수녀님들의 서원예절이 끝난 후 해운대로 나들이를 함께 갔습니다. 그날 피정 감사헌금으로 받은 100만 원을 모두 써도 하나도 아깝지 않을 뿐더러 오히려 더 무엇을 해주고 싶은 마음이었습니다. 해운대 백사장에서 천진한 어린이와 같이 기뻐하던 그때의 서원자 수녀님들이 지금은 어느 곳에서 무엇을 하고 있는지 참으로 보고 싶습니다. 파라다이스 호텔 식당에서 스테이크와 와인을 먹으며 마주했던 그 얼굴들을 다시 볼 수 있었으면 좋겠습니다.

위의 두 수녀원에서 있었던 나의 체험은 내가 믿고 있던 진리를 다시 한 번 확인하는 계기가 됐습니다. 즉 인간은 누구나 사랑을 받으면, 그리고 그 사랑이 순수하고 크면 클수록 자신의 전존재로 그 사랑에 강하게 응답한다는 것을. 또 그것이 우리가 하느님으로부터 받은 고귀한 본성이며, 그것의 솔직한 표현이 기쁨이고 웃음이라는 것을…….

14 우리는 원래 하나
– 초교파 성령대회

1984년 뉴올리언스의 슈퍼 돔에서 30여 개 교파가 모여 5박 6일 동안 성령대회를 가졌는데 당시 나는 몹시 피곤한 상태에서 대회에 참여했습니다. 어느 날 목욕을 하고 세 시간 가량 잠을 푹 자고 난 뒤에 어슴푸레하게 깨어나려는 순간 환하게 웃고 계시는 예수님을 만났습니다.

"네가 내 대신 많이 수고했다. 고맙다. 이제 쉬어라."라는 예수님의 말씀을 강하게 느꼈습니다. 얼른 일어나 앉아서 묵상을 했습니다.

'내 인생이 끝나는 날, 이렇게 기쁘고 다정하게 나를 맞아주실 예수님을 만나겠구나.'라는 생각이 들면서, 죽는 그날이 바로 영원한 기쁨 속에 다시 사는 시작의 날이라고 생각하게 되었습니다.

성령대회가 3일째로 접어드는 날 모두 모여서 합동으로 기도하는 가운데, 나는 성령이 활동하시는 것을 특별하고 선명하게 체험했습니다. 무려 6만여 명이 모인 슈퍼 돔 안에 일순간 회오리바람 같은 것이 지나가더니, 아주 부드러운 바람이 청중을 휘감았습니다.

'원래 우리는 하나인데…….' 나는 생각했습니다. '성령이 현존하는 곳에 일치가 있고 그 일치를 통해 예수님의 뜻을 성취하는구나!'

특히 현대에 와서 성령께서는 우리 구원의 역사 전면에 등장하면서 일치를 강력하게 요구하고 있고, 일치가 가능하도록 역사하고 있음을 그때 분명히 알았습니다.

한 순복음 교회 전도사님이 토론토 성령 묵상회에 참여하고 나서 은혜를 받으면서 우리와 하나가 되었습니다. 또 신시내티의 개신교 창설 멤버였던 장로님 부부도 성당의 1일 성령피정과 기도회에 참여하고부터 가톨릭을 이해하면서 자연스럽게 개종하였습니다.

그 부부는 몇 년 후에 LA의 큰 성당의 총회장으로 성공적인 봉사 활동을 했으며 최근에는 은퇴해서 한국의 음성 꽃동네에서 정형외과 의사로 1년 동안 봉사했습니다. 성령의 도움으로 그분은 오늘도 보람 있게 여생을 보내고 있습니다.

나는 새천년을 맞은 그리스도교의 절대 절명의 명제가 '일치'하는 것이라고 생각합니다. 예수 그리스도를 믿고 살아가는 모든 사람들이 일치하지 못한다면 더 이상 세상이 우리를 용서하지 않을 것이라고 생각합니다. 일치하지 않는 그 자체가 크나큰 죄악이며 하느님의 영광을 훼손하는 것입니다.

"나는 이 사람들만을 위하여 간구하는 것이 아니라 이 사람들의 말을 듣고 나를 믿는 사람들을 위하여 간구합니다. 아버지, 이 사람들이 모두 하나가 되게 하여 주십시오. 아버지께서 내 안에 계시고 내가 아버지 안에 있는 것과 같이 이 사람들도 우리들 안에 있게 하여 주십시오. 그러면 아버지께서 나를 보내셨다는 것을 세상이 믿게 될 것입니다."(요한 17, 20-21)

15 내가 살아야 할 이유

　　　　　　1981년 서울의 삼각산 예수회 수련원에서 9박 10일 피정을 했습니다. 성령 안에서 지난 몇 년 동안의 삶을 정리하고 새로운 시작을 하고 싶었습니다. (이때가 콜럼버스에서 신시내티로 갈 즈음임.)
　오직 말씀 안에서 말씀을 묵상하고 실천하면서, 고해성사도 성실하게 준비해서 보고, 은총 가운데 한동안 잠겨 있었습니다.
　그런데 피정을 마치기 전날, 초봄의 햇살을 받으면서 정원에 앉아 있다가 무심코 발밑에서 부지런히 움직이고 있는 개미들을 보았습니다. 이렇게 신비로운 모습이 바로 내 앞에서 펼쳐지고 있다는 사실이 재미있기도 했지만, 한편으로는 그걸 모르고 살고 있었다는 걸 새삼 알게 됐습니다. 눈앞에 보이는 정원수에서 돋아나는 새잎도 너무나 고맙고 예쁘게 보였습니다. 저 멀리 서울의 전경도 아름답게만 느껴졌습니다.

보는 것이나 느끼는 것이나 생각하는 모든 것들이 모두가 아름답고 좋게만 보였습니다. 내 안에 이런 긍정적인 반응을 일으키고 있는 것은 무엇인가? 내가 정말로 변한 것인가? 그렇다면 내가 얼마나 어떻게 변했는지 시험해보고 싶었습니다. 그래서 내 일생 동안 도저히 수용하기 힘들고 용서하기가 불가능할 것 같은, 그래서 다시는 만나고 싶지 않은 몇 사람을 차례로 떠올려보았습니다. 놀랍게도 그 사람들에 대한 어떠한 미운 감정이나 분노가 이미 사라지고 없었습니다.

지나간 날은 하나의 연극이었구나, 인생이라는 무대에 나도 그들도 같이 등장했고 연출자의 각본대로 연극을 한 것에 지나지 않았구나 하는 생각이 들면서 이제는 무대에서 내려와 각자 자기의 현실로 다시 돌아갔다는 느낌이 들었습니다. 그 순간 나는 내가 꿈을 꾸고 있는 것이 아닌가 하고 두 눈을 부비고 목을 흔들어보았습니다. 마음이 참 편안했습니다. 그 사람들을 미워해야 할 이유가 완전히 없어졌습니다. 나의 내면에서 커다란 변화가 일어나고 있음을 직감했습니다.

나는 그날 '앞으로 내가 계속해서 살아가야 할 이유가 있다면, 그것은 하느님이 나를 사랑하기 때문.'이라고 내 노트에 적어놓았습니다. 하느님이 나를 소중하게 생각하기 때문에 내 인생을 보람 있게 영위해야 한다고 기록했습니다.

내 삶의 핵심은 사랑이었습니다. 하느님의 사랑이 내 마음 안에 살아 있을 때, 하느님의 사랑이 내 안에서 꽃피고 있을 때, 나는 이 세상에서 행복하게 살아갈 수 있습니다. 나는 더 보람 있고 기쁘게 살아야 하겠다고 결심했습니다. 오로지 하느님의 사랑에 응답하고 그 사랑을 실천하면서 살아간다면 보다 더 행복한 삶을 살 수 있겠다는 확신을 가지게 되었습니다.

세상의 어떤 것을 주고서라도 바꾸지 말아야 할 것은 오직 하느님의 사랑, 그것입니다.

"그러므로 믿음과 희망과 사랑, 이 세 가지는 언제까지나 남아 있을 것입니다. 이 중에서 가장 위대한 것은 사랑입니다."(1고린 13, 12-13)

16 내 마음속의 주님 상처

　　　　　　지금은 의정부 교구장이신 신학교 동기 신부님을 지도자로 모시고, 나는 지나온 세월 동안 수시로 체험하고 느꼈던 영성생활을 총 정리하는 피정을 가진 적이 있습니다. 그때 수원에 있는 말씀의 집에서 30일간의 이냐시오 영성 피정 중에 받은 은혜는 1987년 나의 안식년을 의미 깊게 해준 소중한 체험이었습니다.

　마치기 4일 전, 나는 예수님의 수난에 대해 묵상했습니다. 예수님의 피땀 흘리심, 매 맞으심, 사람들의 모욕과 천대와 멸시받으심, 십자가에 못 박혔을 때 비웃음과 조롱당하심 등 예수님의 수난과 고통을 생각하면서 그것을 달게 받으며 살겠다는 다짐을 하는 묵상이었습니다.

　"예수님, 저도 당신처럼 이 세상을 살아가는 동안에 무시, 천대, 배신, 모욕, 조롱 이런 것을 달게 받겠습니다. 당신께서 가신 그 길을 저도 걸어가겠습니다."

지도 신부님의 말씀에 따라 아침에 이 기도를 했는데 별로 기분이 좋지 않았습니다. 오후에 다시 성체 앞에서 이 기도를 했습니다. 그런데 이런 기도를 그만했으면 좋겠다는 생각이 들었습니다. 그렇지만 이 기도를 통해 어떤 체험을 해야 한다고 생각한 나는 밤 열한 시 반에 성당에 들어가서 다시 큰 소리로 기도했습니다.

"예수님, 제가 당신처럼 사람들에게 은혜를 베풀고도 받았던 온갖 인간적인 배신과 모든 영적인 고독감도 달게 받겠습니다."

아무런 감동도, 응답도 없었습니다. 다시 두 번째 기도를 큰 소리로 했습니다.

두 번째 기도가 막 끝나려는 순간 내 입에서 엉뚱한 말이 튀어나왔습니다.

"아이고, 사람 잡겠네. 환장하겠네."

나는 깜짝 놀랐습니다.

앞에 했던 내 기도는 내가 이성으로 꾸며서 한 것이고 뒤에 탁 튀어나온 것은 내 마음속에 있던 진정한 나 자신의 소리였습니다. '지금까지 이렇게 겉 다르고 속 다른 기도생활을 해왔구나.' 나는 자괴감을 느끼며 돌아서 나왔습니다.

깜빡 잠이 들었던 듯, 아니면 깊은 잠 속에서 꿈인 듯 환시인 듯 나는 무언가에 놀라 튕기듯 벌떡 자리에서 일어났습니다.

십자가가 자꾸 내 앞으로 다가오는데 가만히 보니 예수님이 성혈이 낭자한 모습으로 십자가에서 고통스럽게 절규하고 있었습니다. 사람의 형체라고는 볼 수 없는 예수님의 얼굴 모습과 신음소리, 머리와 가슴, 팔과 손에서 뿜어져 나오는 성혈이 내 얼굴에 확 튀어서 너무 놀라 잠에서 깼던 것입니다. 새벽 2시였습니다.

나는 속으로 중얼거렸습니다. '예수님이 이렇게까지 힘드셨구나, 이런 고통을 겪으시며 자신을 희생하셨구나, 지금까지 십자가를 하나의 상징물로, 장식용으로 생각하고 있었던 게 아닌가, 하느님의 아들이니까 십자가에서 못 박혀 돌아가시는 것이 뭐 그리 힘들었을까 생각하며 편안하게 바라보지 않았던가.'

이제까지 내가 생각하던 십자가와 내가 꿈에 환상으로 본 십자가의 모습은 너무나 달랐습니다. 예수님이 받으신 그 고통의 충격 때문에 나는 잠을 잘 수 없었고 아침식사도 하지 못했습니다. 나는 성당에 가서 성체 앞에 앉았습니다.

예수님의 고통스런 모습과 내 얼굴에 튀어오던 그 피를 떠올리며 십자가의 고통을 오랫동안 묵상했습니다.

우리를 구원하시려고 자기 자신을 희생했던 그 사랑이 얼마나 극진했으면 저 고통을 참고 받으셨을까? 나를 위해 십자가에서 돌아가신 비참한 예수님의 모습을 만날 수 있었던 새벽 2시의 이 거룩한 체험은 내 영적 여정을 정리한 또 한 번의 계기가 되었고, 말씀을 심화하는 국상이 되었습니다.

우리는 자주 십자가의 길을 묵상하고 기도합니다. 그때 우리는 "어머니께 청하오니 제 마음속에 주님 상처 깊이 새겨주소서."라고 노래합니다. 이 기도가 그때 제게 실현되었습니다. 예수님의 거룩한 십자가의 고통에 내가 동참할 수 있게 해준 그 피정을, 그 예수님의 성혈을 20년이 지난 지금도 나는 생생하게 느끼고 있습니다.

17 좀 더 가난해야

1983년 보스턴에서 열린 성령쇄신 묵상회에서 나는 보스턴 심포니 오케스트라 수석 바이올리니스트인 미스터 황을 처음 만났습니다.

피정이 중반을 지난 즈음이었고 모든 신자들이 기쁨에 젖어 있었습니다. 그날 점심을 먹을 때 그가 내 옆에 앉아 있었는데 왠지 얼굴이 밝아 보이지 않았습니다.

"신부님이 피정하시는 것을 보니 참 좋습니다. 그리고 고맙습니다. 신선한 충격을 주어서 모두가 기뻐하고 있습니다. 그런데 저는 전혀 그렇지 않습니다. 그러나 좋습니다. 신부님도 이 일을 계속 하시려면 '돈'이 많이 필요하겠습니다."

그가 느닷없이 '돈' 이야기를 하는 것이 좀 이상하게 들렸습니다.

그래서 내가 물었습니다.

"왜 돈이 필요하다고 생각합니까?"

"예전과는 달리 음악을 하는 데도 돈이 없으면 힘든 현실입니다. 예를 들면 제가 베를린에 가서 연주회를 하려면 지금 제가 가지고 있는 악기로는 곤란합니다. 성공적인 연주를 위해서는 적어도 15만 달러 정도의 악기를 빌려야 좋은 음질의 연주를 들려줄 수 있으니까요."

나는 그를 똑바로 바라보면서 물었습니다.

"몇 살부터 바이올린을 시작했습니까?"

"여섯 살 때부터 했으니 40년이 다 되어 갑니다."

나는 조금 화가 난 음성으로 나무라듯 말했습니다.

"40년을 하시고도 멍석 타령을 하면 어떡합니까? 이제는 마음(심령)으로 연주해야 할 때가 아닙니까? 베토벤도 귀가 먹고 눈이 잘 보이지 않을 때 작곡한 것이 불후의 명작이 되지 않았습니까? 제 말을 잘 새겨 들으십시오. 이제는 기도하는 마음으로 연주 생활에 정진하십시오."

나는 의도적으로 그에게 충격적인 말을 던졌습니다. 그리고 덧붙여 말했습니다.

"나는 지금보다 더 가난해져야 이 엄청난 영적인 일을 성공적으로 이룰 수 있다는 신념을 가지고 있습니다. 나는 물질적인 것은 물론이고 정신적, 영적인 청빈의 덕을 가졌을 때 예수님처럼 하느님의 일을 더 잘할 수가 있다고 믿습니다. 그래서 지금보다 더욱 더 가난한 자가 되게 해달라고 기도합니다."

나의 말을 듣는 그의 표정이 미묘하게 움직이는 듯했습니다. 그러고는 곧 우울한 표정으로 성당을 향해 갔습니다.

　마지막 감사미사 때 나는 성체를 받아 모시는 그의 얼굴이 환하게 밝아져 있는 것을 보았습니다. 그는 아주 기뻐하며 돌아갔습니다.

　그 이듬해 다시 그곳에서 감사미사를 드릴 때 그가 나를 찾아와 부탁했습니다.

　"신부님, 제가 영성체 후 특송을 연주할 수 있도록 7분 정도만 시간을 허락해 주십시오."

　그는 영성체 후 특송으로 구노의 〈아베마리아〉를 연주했습니다. 그가 연주하는 음악을 들으며 모든 신자들이 감동했습니다. 성령에 이끌려 연주하는 그날의 음악은 분명 이전과는 사뭇 달랐습니다. 영혼으로 하느님께 연주하고 있다고 느껴졌습니다.

　미사 후에 그가 자신 있게 말했습니다.

　"연주 도중에 한두 군데 실수한 것이 있는데 저는 그 실수도 흐뭇합니다. 또 제 색깔이 있어서 오늘 연주가 무척 마음에 듭니다. 작곡가는 자기 나름대로 작곡한 것이고 저는 이 현장에서 성령이 시키시는 대로 하느님의 영광을 드러내기 위해 연주를 했으니까요."

　그러고는 부끄러운 듯 말했습니다.

　"신부님, 감사합니다. 그 식탁에서 꾸중하시던 말씀……."

　나는 그 후 그가 새로운 예술가의 삶을 살아가는 것을 알게 되었고 하느님께 감사드렸습니다.

18 보고 싶은 보좌신부

      내가 보좌신부와 함께 살았던 곳은 서대신 성당과 동래 성당뿐이었습니다. 동래 성당에 같이 있었던 보좌신부님은 잊히지 않는 기억을 남겨주었습니다.

  부활 전과 성탄 전에는 고해성사를 보는 신자들이 많아서 나는 은근히 보좌신부님이 걱정됐습니다. 신부님이 부활판공 성사를 열심히 주고 있던 어느 날 내가 "많이 피곤하지 않아요? 좀 쉬어가면서 하지 그래요."라고 했더니, 뜻밖에도 신부님은 "마음이 너무 즐겁고 제 자신이 은총을 많이 받는 것 같습니다."라고 말했습니다.

  "신부님, 제가 고해소 안에 앉아 있을 때나, 고해성사를 주고 있을 때 하느님께서 이렇게 말씀하시는 것 같습니다. '위로하여라. 위로하여라. 나의 백성을!'"

나는 내 귀를 의심하면서 물었습니다.

"어떤 말씀이 들린다고요? 언제부터?"

"예, 주일학교 학생들을 데리고 음성 꽃동네에 청소년 성령 피정을 다녀와서 부터입니다. 고해소에 있는 것이, 고해성사를 주는 것이, 전혀 피곤하지 않고 마음이 기쁩니다."

신부님은 고해하는 사람들에게 될 수 있는 대로 위로와 격려의 말을 해주려고 노력했다면서, 고해소에 몇 시간 있는 동안 자신이 내적 치유를 받고 있는 게 아닌지 모르겠다고 말했습니다.

나는 너무나 반갑고 또 기뻤습니다. 만나고 싶었던 사제를 만난 것 같아 선배 사제로서 큰 보람을 느꼈습니다. 마음속에서 감사의 정이 흘러넘치는 것 같았습니다.

신부님은 청소년 성령 피정에 온 학생들이 진지하고 솔직하게, 또 새롭게 살아보려는 의지를 가지고 고해성사를 보았기 때문에 신부님 자신도 즐겁고 은혜로웠다고 그때의 이야기를 내게 들려주었습니다. 그리고 그 학생들의 삶이 바뀌고 생활과 사고방식이 변화되는 것을 보는 것이 그렇게 기쁠 수가 없었다고 말했습니다.

"신부님, 그것은 성령의 큰 은혜입니다. 이런 은혜를 젊은 날에 베풀어주신 데 대하여 하느님께 감사해야 합니다. 이 성사의 신비와 축복을 묵상하고 실천하면서 앞으로 10년, 20년 후에는 더 큰 열매를 맺어야 합니다."

나는 그 보좌신부님에게서 진정한 사제의 모습을 그려보면서 위로와 격려를 받았습니다.

지금은 중년이 되었을 그 사랑스러운 신부님이 어디에서 사목하는지 알 수 없지만, 고해소에서만이 아니라, 다른 여러 가지 방법으로도 치유자로서 예수님의 삶을 살아가시도록 가끔씩 기도합니다. 그리고 그 신부님만 생각하면 나는 무척 기쁘고 행복합니다.

성령의 삶을 살면서 성사의 소중함을 사시는 후배 사제를 만나게 해주신 하느님께 감사드립니다.

■ 왕영수 신부님이 걸어온 길

1935년	경북 김천에서 출생
1962년	가톨릭대학교 성신대학 졸업
1965년	사제 서품(부산교구)
1965~1970년	범일성당 보좌(5년)
	부산교구 홍보 담당
	가톨릭 저널리스트 부산클럽 창설
	지성인 예비자 교리반 개설(4년)
1970년	부산교구 기획관리실 창설, 책임자(2년)
1972년	양산 성당, 거제도 거제 성당 주임사제
1973년	해외 교포 사목(18년)
	한미성령쇄신센터 설립 및 등록(오하이오주에 면세 단체로)
	성령쇄신 소수민족 대표(4년)
	미국 중부 지역 성령쇄신 책임사제
	워싱턴 D.C., 콜럼버스(오하이오), 전 미주 한인 봉사자학교 운영(5년, 신시내티), 캘리포니아 마리나 한인성당 설립 및 주임사제
1991년	초장 성당(5년), 서대신 성당(4년), 동래 성당(4년), 길천 성당(1년) 주임사제
	부산 법조인회 지도신부(15년)
	지성인 예비자 교리반 개설(가톨릭센터 4년)
	KNN 시청자 심의위원장(2년)
	부산 평화방송 설립 준비위원장(1년)
2006년~현재	새 예루살렘 공동체 원장

신앙의 신비여

지은이 : 왕영수 신부
펴낸이 : 백기태
펴낸곳 : 성바오로
주소 : 서울 강북구 송중동 103-36
등록 : 7-93호 1992. 10. 6
1판 1쇄 : 2010. 8. 16
1판 2쇄 : 2011. 3. 25
SSP 912

취급처 : 성바오로보급소
전화 : 9448--300, 986--1361
팩스 : 986--1365
통신판매 : 945--2972
E-mail : bookclub@paolo.net
http://www.paolo.net

값 12,000원
ISBN 978-89-8015-753-2